池田　大作　原作

二人の王子さま
两个王子

潘　　金　生　監修

山田　留里子
伊井　健一郎　編著

駿河台出版社

まえがき

　1994年度、私が北京大学にて学外研修をしておりました時、国家語言文字工作委員会の王均教授が、ピンインのある童話があればいいですね、と話されていました。また、最近はすてきな童話を読みながら、中国語を学んでいきたい、という中国語学習者からの声もよく耳にします。
　このようなリクエストにこたえたのがこの一冊です。
　本書は、第一話から第十四話まであります。まず、各お話の中国語表現の魅力を味わいましょう。学生たちが選んだ単語や語法のポイントにもページをさいてあります。中国語検定試験の対策にも役立ちます。そして、お話のあとに、日本語の文を載せてあります。中国語と日本語を対照しながら、学習していくことができます。
　初級から中級・上級に至る過程において、自分の気持ちを中国語で表現してみたいとき、また、美しい場面に出会いたいとき、本書を学習することによって、その希望が叶えられることを確信しています。
　中国語の総合的な力が不足していることに気づき、壁にぶつかっているあなたに、友に心の言葉を伝えたいあなたに、この一冊をお贈り致します。

2005年11月18日

編　著　者

序

池田大作先生是日本著名的宗教大师、哲学家、教育家、诗人和作家。是日本创价大学创始人。他从佛教基本教义出发，为促进世界永久和平不懈努力。他以伸张正义，祈求和平，对学子循循善诱，为真理勇于斗争的品德，获得了世界人民的敬仰。

《两个王子》是他的优秀作品之一。透过委婉故事，说明一个真理：只有植根于人民群众，接受人民的教育引导，才能够战胜自身弱点，成为敢于坚持真理，与邪恶斗争的"伟人"，才能走上成功之路。

伊井健一郎先生和山田留里子女士，是我的老朋友。他二位多年来为中日友好和文化交流，辛勤耕作，百折不挠，近日将此书译成中文作为日本学生学中文的教材。为青少年学中国语言，学人生哲理大有助益，也为更多想借智者慧悟，寻求正确人生之路者以启示。可谓功德无量。

十多年前，伊井先生与在姬路独协大学任劳任教的董静如女士将拙著《别了，濑户内海！》，合编成中级汉语教材，我为之写了前言。这次又有幸为伊井先生和山田女士合译的这本书作序，正如佛家之言："山川各异，日月同光，凡我佛子，共结善缘"。

邓 友 梅
2005, 8, 25

鄧友梅 Deng Youmei（とう・ゆうばい）
　　中国人民政治协商会议第八、第九期全国委员会委员
　　中国作家协会名誉副主席
　　中華文学基金会副会長

人生的启迪

在日本的多年汉语教学过程中，见到过无数出色的中文教材，有如繁花似锦。它们都从不同角度，用不同的方法为中文学者开启了汉语知识之门，为快速提高汉语水平提供了多种方便。今天，伊井健一郎与山田留里子两位教授共同翻译出版了新的中文教材——池田大作先生的青少年读物《两个王子》，真可谓锦上添花了。我能有机会为它作序，感到非常荣幸！因为这是一本闪烁着人生哲理与智慧光芒的杰作。它不独使青少年深深明了人世间的是非善恶的准则，也启示了所有读者要坚强勇敢地对待人生的道理而终生受益。

众所周知，池田大作先生是日本著名的宗教活动家、哲学家、教育家、作家、诗人和日本创价大学的创始人。他几十年如一日地为世界永久和平而不懈地努力，他从佛法的基调出发，坚持伸张正义，祈求和平的哲学理念，他对青少年循循善诱的教育思想以及为真理而勇敢斗争的人学，受到世界各国民众的敬戴。他的全部著作中始终凝聚着智者的神思，给人类寻求前进与发展以无穷的启示。

在《两个王子》中，以对比手法成功地刻画出真正伟大的王者的形象，从而让读者领悟到只有根植于人民，接受善良智慧的人民的思想哺育，能够战胜自身的弱点，为人民的幸福和世界的永久和平而辛勤劳动，敢于坚持真理和正义，敢于同邪恶作斗争的人，才是"真正的伟人"，真正的"人的王者"，才会获得成功的道理。

感谢两位教授为学员和读者编译出思想内容如此深富人生哲理，语言文字如此生动、优美、清新的极好教材。这也是两位教授近年来为大学汉语教学及中日文化交流的又一丰硕成果。

在此谨表衷心的祝贺！

董 静 如
2005, 8, 5
北京

董静如 Dong Jingru（とう・せいじょ）
　山西大学中文系教授
　中国作家协会山西分会会员

目　次

　　　　まえがき　3
1　「ナントカ王者」の金の冠　8
2　わがまま王子ルーピヤ　16
3　スバルナと「知恵の人」　22
4　お城の王子のまねをしたのに　28
5　冠が光った！　34
6　「スバルナ王子」の誕生　40
7　偽者を捕まえろ！　46
8　ルーピヤ王子とスバルナ王子　52
9　輝く小さな冠　58
10　ルーピヤ王子の涙　66
11　友達になろう　72
12　みんなの幸福のために　80
13　湖に消えたスバルナ　86
14　本当の「人間の王者」に　94
　　日本語の文　101
　　あとがき　123

二人の王子さま
两个王子

 两个王子

1
"某某王者"的金冠
「ナントカ王者」の金の冠

在那很远很远的南边大海的更
Zài nà hěn yuǎn hěn yuǎn de nánbian dàhǎi de gèng

南边，有一个名叫奖朴国的太阳[1]国。
nánbian, yǒu yí ge míng jiào Jiǎngpǔguó de tàiyáng guó.

每到早晨，就升起[2]很大很大的黄金
Měi dào zǎochén, jiù shēngqǐ hěn dà hěn dà de huángjīn

般[3]的美丽[4]的太阳。当一天结束[5]后，
bān de měilì de tàiyáng. Dāng yì tiān jiéshù hòu,

太阳便缓缓[6]地回到长满菩提树的森林
tàiyáng biàn huǎnhuǎn de huídào zhǎngmǎn pútíshù de sēnlín

里去了。那时，美丽的晚霞[7]把天空染
li qù le. Nà shí, měilì de wǎnxiá bǎ tiānkōng rǎn

得通红[8]。
de tōnghóng.

---

1 太阳＝太陽 2 升＝昇る、上がる 3 般＝様子、～のように 4 美丽＝美しい
5 结束＝終わる 6 缓＝遅い、（くり返して）ゆっくりと 7 晚霞＝夕焼け
8 通红＝真っ赤である

二人の王子さま 第1話

很 久 很 久 以前,
Hěn jiǔ hěn jiǔ yǐqián.

有 一 位 伟大[9] 的 王者
yǒu yí wèi wěidà de wángzhě

住在 白白 的 而且[10] 是
zhù zài báibái de érqiě shì

高高 的 城堡[11] 里。城堡 的
gāogāo de chéngbǎo li. Chéngbǎo de

周围[12] 环绕着[13] 宁静[14] 的 绿色 丛林[15] 和 美丽 的
zhōuwéi huánràozhe níngjìng de lǜsè cónglín hé měilì de

花朵[16], 许多[17] 小鸟 合奏着 美妙动听[18,19] 的 音乐。
huāduǒ, xǔduō xiǎoniǎo hézòuzhe měimiào-dòngtīng de yīnyuè.

这 个 王者 每天 总是[20] 为 人民 的 幸福
Zhè ge wángzhě měitiān zǒngshì wèi rénmín de xìngfú

与 和平[21] 而 祈祷。
yǔ hépíng ér qídǎo.

最 重要 的 是 有 一 颗[22] 坚强[23] 而 正义[24] 的 心。
Zuì zhòngyào de shì yǒu yì kē jiānqiáng ér zhèngyì de xīn.

9 伟大=偉大である　10 而且=そのうえ　11 城堡=城　12 周围=周り
13 环绕=取り囲む　14 宁静=静かである　15 丛=集まり、群がった
16 花朵=花　17 许多=たくさんの　18 美妙=すばらしい
19 动听=感動的である　20 总是=いつも　21 和平=平和
22 颗=粒状のものを数える　23 坚强=堅固である　24 正义=正義

 两个王子

ポイント

❶ **有一个名叫奖朴国的太阳国**。：ジャンブ国という太陽の国がありました。
はじめの述語で人や物の存在を述べ、次の述語でその説明をします。

① 有一个名叫奖朴国的太阳国。
　　Yǒu yí ge míng jiào Jiǎngpǔguó de tàiyáng guó.
　　　　　　　　　　　　　（肯定）ジャンブ国という太陽の国がありました。

② 去年没有学生去中国留学。（否定）昨年、中国に留学した学生はいません。
　　Qùnián méiyou xuésheng qù Zhōngguó liúxué.

❷ **美丽的晚霞把天空染得通红**。：すばらしい夕焼け空が、燃えるようにまっ赤でした。

"得"を用いた様態補語です。動詞や形容詞の後に置かれて、それらの動作や状態の程度を表します。

③ 他长得非常漂亮。　　　　　　　　　　　彼女はとてもきれいです。
　　Tā zhǎng de fēicháng piàoliang.

④ 张老师写汉字写得很好。　　　　　　張先生は漢字をとても上手に書く。
　　Zhāng lǎoshī xiě Hànzì xiě de hěn hǎo.
⇒動詞に目的語があるときは、動詞を繰り返すか、目的語を主語にします。

④' 张老师汉字写得很好。　　　　　　　張先生は漢字をとても上手に書く。
　　Zhāng lǎoshī Hànzì xiě de hěn hǎo.

自古以来, 奖朴国 里 就 有 这样 一 个 习俗:
Zìgǔyǐlái, Jiǎngpǔguó li jiù yǒu zhèyàng yí ge xísú:

每 到 孩子 长到 七 岁 时, 大家 便 一起 祝贺,
Měi dào háizi zhǎngdào qī suì shí, dàjiā biàn yìqǐ zhùhè,

祝愿[25] 他们 成为[26] 像 伟大 的 王者 那样 的
zhùyuàn tāmen chéngwéi xiàng wěidà de wángzhě nàyàng de

了不起 的 人。
liǎobuqǐ de rén.

---

25 祝愿＝祈る　　26 成为＝～になる

二人の王子さま 第1話

太阳 几 万 次 升到 天空 后 又 回到
Tàiyáng jǐ wàn cì shēngdào tiānkōng hòu yòu huídào
天边。就 这样 地 过了 几 百 年。故事 就
tiānbiān. Jiù zhèyàng de guòle jǐ bǎi nián. Gùshì jiù
从 这 时候 说起。
cóng zhè shíhou shuōqǐ.

有 一 年 春天，奖朴国 城堡 里 的 卢比亚
Yǒu yì nián chūntiān, Jiǎngpǔguó chéngbǎo li de Lúbǐyà

ポイント

❸ 每到孩子**长到**七岁时：子供が七つになったら。
"**长到**"は結果補語です。動詞の後ろに、さらに動詞や形容詞をおいて、前の動詞の動作の結果がどうなったのかを表します。

⑤ 我**买到**了《新华字典》。　　　私は『新華字典』を買いました。
　　Wǒ mǎidào le «XĪNHUÁ ZÌDIǍN»
　⇒否定形は、"没(有)"を用います。

⑥ 她还**没**学好中文。　　　彼女はまだ中国語をマスターしていません。
　　Tā hái méi xuéhǎo zhōngwén.
　⇒否定形に、"不"をおくと仮定の条件を表します。

⑦ **不**做完作业不能出去玩儿。　宿題が終わらないと遊びにいけません。
　　Bù zuòwán zuòyè bù néng chūqù wánr.

 两个王子

王子 已经 七 岁 了。
wángzǐ yǐjīng qī suì le.

小鸟 纷纷[27] 唱歌 表示 祝贺。王子 坐 在 金
Xiǎoniǎo fēnfēn chànggē biǎoshì zhùhè. Wángzǐ zuò zài jīn

椅子 上。
yǐzi shàng.

这 时候，长者 胡子[28] 的 大臣 庄重[29] 地 献
Zhè shíhou, zhǎngzhe húzi de dàchén zhuāngzhòng de xiàn

上 一 顶[30] 王冠。
shàng yì dǐng wángguàn.

这 是 一 顶 耀眼夺目[31,32] 的 金冠。它[33]
Zhè shì yì dǐng yàoyǎn-duómù de jīnguàn. Tā

象 孔雀 的 羽毛 一样，顿时[34] 向 四周 发出
xiàng kǒngquè de yǔmáo yíyàng, dùnshí xiàng sìzhōu fāchū

一 道道 的 金光。
yí dàodao de jīnguāng.

王子 高兴 得 眨巴着[35] 眼睛 说："多么[36] 漂亮
Wángzǐ gāoxìng de zhǎbazhe yǎnjīng shuō: "Duōme piàoliang

的 金冠 啊！"
de jīnguàn a!"

---

27 **纷纷**=次から次へと　　28 **胡子**=ひげ　　29 **庄重**=真面目で慎重である
30 **顶**=てっぺんのあるものを数える量詞　　31 **耀眼**=まぶしい　　32 **夺目**=まばゆい
33 **它**=それ、あれ　　34 **顿时**=突然　　35 **眨巴**〈方〉=目をしばたく、まばたきする
36 **多么**=なんと

二人の王子さま 第1話

长 胡子 的 大臣 说:"王子,据说[37] 这 是
Zhǎng húzi de dàchén shuō: "Wángzǐ, jùshuō zhè shì
很 久 以前 一 位 名 为'某某 王者'的 了不起
hěn jiǔ yǐqián yí wèi míng wéi 'mǒumǒu wángzhě' de liǎobuqǐ
的 大王 曾 戴过 的 王冠。"
de dàwáng céng dàiguo de wángguàn."

卢比哑 王子 吃惊[38] 地 问:"咦[39],那个 大王
Lúbǐyà wángzǐ chījīng de wèn: "Yí, nàge dàwáng
叫 什么 名字?"
jiào shénme míngzi?"

戴 眼镜 的 大臣 说:"王子,是 一 位 叫'某某
Dài yǎnjing de dàchén shuō: "Wángzǐ, shì yí wèi jiào 'mǒumǒu
王者'的 大王。无论[40] 读 哪 本 书 都 不知道
wángzhě' de dàwáng. Wúlùn dú nǎ běn shū dōu bùzhīdào
他 的 真名实姓。"
tā de zhēnmíng-shíxìng."

37 据说=人の言うところによれば、人がいうには…だそうだ
38 吃惊=驚く　39 咦=おや、まあ　40 无论=〜にもかかわらず

13

 两个王子

王子 思索着 什么，突然 独自 暗笑 起来，
Wángzǐ sīsuǒzhe shénme, tūrán dúzì ānxiào qilai,
说："无论 叫'这个 王者'也 好，叫'那个 王者'，
shuō: "Wúlùn jiào 'zhège wángzhě' yě hǎo, jiào 'nàge wángzhě',
也 好，总之[41] 只要[42] 戴上 这 顶 金冠，那 我
yě hǎo, zǒngzhī zhǐyào dàishang zhè dǐng jīnguàn, nà wǒ
就 和 大王 一模一样[43]！"
jiù hé dàwáng yìmú-yíyàng!"

长 胡子 的 大臣 和 戴 眼镜 的 大臣 脸上[44]
Zhǎng húzi de dàchén hé dài yǎnjìng de dàchén liǎnshang
都 显出[45] 有些 为难[46] 的 神色[47]。
dōu xiǎnchū yǒuxiē wéinán de shénsè.

---

41 总之=つまり　42 只要=〜しさえすれば　43 一模一样=よく似ている
44 脸=顔　45 显=現す、示す　46 为难=困る　47 神色=表情

二人の王子さま 第1話

两个王子

2

任性 的 王子 卢比亚
わがまま王子ルーピヤ

卢比亚 王子 突然 叫 起来[1]:"呀, 金冠 上
Lúbǐyà wángzǐ tūrán jiào qǐlái: "Yā, jīnguàn shàng

写着 什么!"
xiězhe shénme!"

金冠 上 刻着 从来[2] 没有 见过 的 文字。
Jīnguàn shàng kèzhe cónglái méiyǒu jiànguo de wénzì.

长 胡子 的 大臣 和 戴 眼镜 的 大臣 说:
Zhǎng húzi de dàchén hé dài yǎnjìng de dàchén shuō:

"据说, 上面 写着 '上 将 变为 下, 下 将 变为
"Jùshuō, shàngmian xiězhe 'Shàng jiāng biànwéi xià, xià jiāng biànwéi

上 吧'。"
shàng ba'."

"说 些 什么, 真 怪[3]!"
"Shuō xiē shénme, zhēn guài!"

---

[1] 起来=〜し始める [2] 从来=今までずっと [3] 怪=不思議な

王子 哈哈 地 大笑⁴ 后，就 再 也 不 提⁵
Wángzǐ hāhā de dàxiào hòu, jiù zài yě bù tí
这 件 事 了。于是⁶ 他 戴上了 金冠，说：
zhè jiàn shì le. Yúshì tā dàishangle jīnguàn, shuō
"这样 一 来，看上去 我 是 个 了不起 的 王者
"Zhèyàng yì lái, kànshangqu wǒ shì ge liǎobuqǐ de wángzhě
了。"
le."

于是，那些 讨好 王子 的 人 马上 就
Yúshì, nàxiē tǎohǎo wángzi de rén mǎshàng jiù
赞扬⁷ 他 说："噢，一 点 不 错，您 成了 一
zànyáng tā shuō: "Ō, yì diǎn bú cuò, nín chéngle yí
位 了不起 的 王者 了！"
wèi liǎobuqǐ de wángzhě le!"

4 哈哈大笑＝あははと大声で笑う　5 提＝話題にする　6 于是＝そこで、そして
7 赞扬＝ほめたたえる

 两个王子

ポイント

❶ "呀，金冠上写着什么！"：「あっ、金の冠になにか書いてあるよ。」
"着" は持続のアスペクトを表します。

① 王老师写着汉字。　　　　　　　　　　王先生は漢字を書いている。
　　Wáng lǎoshī xiězhe Hànzì.

② 门开着。　　　　　　　　　　　　　　ドアが開いている。
　　Mén kāizhe.

③ 她在床上躺着。　　　　　　　　　　　彼女はベッドで横になっている。
　　Tā zài chuáng shang tǎngzhe.

⇒否定形を作ってみましょう。

④ 王老师写着汉字。→王老师没写汉字。→王先生は漢字を書いていない。
　　Wáng lǎoshī xiězhe Hànzì. → Wáng lǎoshī méi xiě Hànzì.

⑤ 门开着。→门没开着。　　　　　　　　→ドアは開いていない。
　　Mén kāi zhe. → Mén méi kāizhe.

⑥ 她在床上躺着。→她在床上没躺着。→彼女はベッドで横になっていない。
　　Tā zài chuáng shang tǎngzhe. → Tā zài chuáng shang méi tǎngzhe.

⇒例文④は、動作の持続を表すので、否定形には "着" はありません。例文⑤、⑥は、各々残存、身体動作を表すので、"着" が残ります。

王子　逐渐[8]　任性　起来。他　常　说："你们　要是
Wángzǐ　zhújiàn　rènxìng　qǐlai.　Tā　cháng shuō: "Nǐmen yàoshi

不　听　我　的　话，就　给　你们　点儿　厉害[9]　看看。"
bù　tīng wǒ　de　huà,　jiù　gěi　nǐmen　diǎnr　lìhai　kànkan."

那些　说　奉承话[10]　讨好　的　人们　异口同声[11]
Nàxiē shuō fèngchénghuà tǎohǎo　de　rénmen yìkǒu-tóngshēng

地　赞扬　他，并　高呼[12]："王子　万岁[13]，万万岁！"
de　zànyáng　tā, bìng gāohū:　Wángzǐ wànsuì,　wànwànsuì!"

王子　越发[14]　得意忘形[15]　了。
Wángzǐ　yuèfā　déyì-wàngxíng　le.

---

8 **逐渐**＝次第に	9 **厉害（利害）**＝酷い、恐ろしい	10 **奉承**＝お世辞を言う
11 **异口同声**＝口をそろえて	12 **高呼**＝大声で叫ぶ	13 **万岁**＝万歳
14 **越发**＝ますます	15 **得意忘形**＝有頂天になる	

二人の王子さま 第2話

有 一 次, 他 对 厨师¹⁶ 下了 这样 一 道¹⁷
Yǒu yí cì, tā duì chúshī xiàle zhèyàng yí dào

命令:"我 再 也 不 吃 胡萝卜¹⁸ 和 青椒¹⁹ 了。
mìnglìng: "Wǒ zài yě bù chī húluóbo hé qīngjiāo le.

因为²⁰ 那些 根本²¹ 不 是 王者 吃 的 东西。
Yīnwèi nàxiē gēnběn bú shì wángzhě chī de dōngxi.

给 我 换了, 增添²² 草莓 蛋糕²³!"
Gěi wǒ huànle, zēngtiān cǎoméi dàngāo!"

厨师 非常 为难, 着急 得 病倒 了。
Chúshī fēicháng wéinán, zháojí de bìngdǎo le.

ポイント

❷ 那些说奉承话讨好的人们异口同声**地**赞扬他,并高呼:"王子万岁,万万岁!":ごきげんとりは口をそろえて「王子さま万歳、万万歳」とほめ、大声で叫びました。

構造助詞"**地**"を用いた連用修飾語です。

⑦ 李老师清楚**地**写了汉字。   李先生ははっきりと漢字を書いた。
Lǐ lǎoshī qīngchu de xiěle Hànzì.

⑧ 我们热热闹闹(**地**)过个春节。   私たちは、にぎやかに春節を過ごす。
Wǒmen rèrènàonào de guò ge Chūnjié.
⇒同じ発音の"地"、"的"、"得"の違いに注意しましょう。

⑨ 她**的**书包   彼女のかばん
Tā de shūbāo.

16 **厨师**=料理人   17 **道**=細長いもの、命令や標題などを数える量詞
18 **胡萝卜**=ニンジン   19 **青椒**=ピーマン   20 **因为**=～なので、～のために
21 **根本**=全く   22 **增添**=増やす   23 **草莓蛋糕**=イチゴケーキ

 两个王子

又有一次，他看到城堡里的花圃[24]后，便下了这样的命令："这全是些杂草嘛，那不是我王者所看的花，马上[25]给我拔掉！"

喜爱赏花[26]的人全都哭[27]了。

可是，如果[28]不听他的话，可怕[29]的士兵[30]会来吓唬[31]他们的。因而[32]，大家都勉强服从[33]了。

24 花圃=花畑 25 马上=すぐ、ただちに 26 赏花=花をめでる、花を鑑賞する
27 哭=泣く 28 如果=もしも～なら 29 可怕=恐ろしい 30 士兵=兵士
31 吓唬=びっくりさせる 32 因而=したがって 33 服从=服従する

二人の王子さま　第２話

王子 的 周围 逐渐 都 是 些 溜须拍马[34]
Wángzǐ de zhōuwéi zhújiàn dōu shì xiē liūxū-pāimǎ
的 人 和 可怕 的 士兵 了。
de rén hé kěpà de shìbīng le.

卢比亚 王子 从 城楼 上 俯瞰[35] 城镇 街道
Lúbǐyà wángzǐ cóng chénglóu shàng fǔkàn chéngzhèn jiēdào
后 说:"哼[36]，我 就是 王者 了。"
hòu shuō: "Hng, wǒ jiùshì wángzhě le."

长 胡子 的 大臣 和 戴 眼镜 的 大臣
Zhǎng húzi de dàchén hé dài yǎnjìng de dàchén
都 长长 地 叹[37] 了 口[38] 气。
dōu chángcháng de tàn le kǒu qì.

---

34 溜须拍马＝機嫌をとる　　35 俯瞰＝（高い所から）見下ろす　　36 哼＝ふん
37 叹＝ため息をつく　　38 口＝口と関連ある動作や事物を数える量詞

 两个王子

3 斯巴鲁那 和 "智者"
スバルナと「知恵の人」

那 时候，在 奖朴国 的 某 个 村子 里 有
Nà shíhou, zài Jiǎngpǔguó de mǒu ge cūnzi li yǒu

一 个 非常 贫穷¹ 的 男孩子，名 叫 斯巴鲁那。
yí ge fēicháng pínqióng de nánháizi, míng jiào Sībālǔnà.

那 年，斯巴鲁那 和 王子 都 是 七 岁。
Nà nián, Sībālǔnà hé wángzǐ dōu shì qī suì.

他 有点儿 胆怯²，不 善于 在 众人³ 面前 说话。
Tā yǒudiǎnr dǎnqiè, bú shànyú zài zhòngrén miànqián shuōhuà.

而且 爬树⁴ 也 爬不好，所以⁵ 常常 受⁶ 人 欺负⁷。
Érqiě páshù yě pábuhǎo, suǒyǐ chángcháng shòu rén qīfu.

1 贫穷=貧しい   2 胆怯=臆病である   3 众人=みんな、多くの人々
4 爬树=木登りをする   5 所以=だから、したがって   6 受=被る、〜される
7 欺负=いじめる

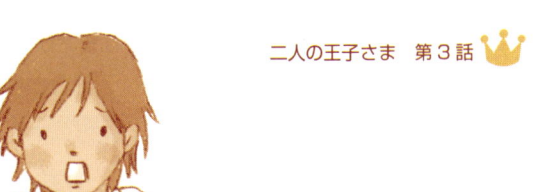

二人の王子さま　第3話

但是，不知道 为什么[8] 在 秋天 村民 自演
Dànshì, bùzhīdào wèishénme zài qiūtiān cūnmín zìyǎn
的 剧目[9] 中，选定[10] 斯巴鲁那 演 主角[11]，就是
de jùmù zhōng. xuǎndìng Sībālǔnà yǎn zhǔjué, jiùshì
"王子" 的 角色[12]。
"wángzǐ" de juésè.

"我 能 演 这个 角色 吗……"
"Wǒ néng yǎn zhège juésè ma……"

斯巴鲁那 非常 担心。于是，他 就 到 住 在
Sībālǔnà fēicháng dānxīn. Yúshì, tā jiù dào zhù zài
村头[13] 小 树林[14] 里 的 一 个 聪明[15] 的 老爷爷
cūntóu xiǎo shùlín li de yí ge cōngming de lǎoyéye
那儿 去 商量 了。
nàr qù shāngliang le.

村里 的 人 称 这 位 老爷爷 为 "智者"，
Cūnli de rén chēng zhè wèi lǎoyéye wéi "zhìzhě",
他 受到 大家 的 尊敬。大家 只要 和 他 在
tā shòudào dàjiā de zūnjìng. Dàjiā zhǐyào hé tā zài
一起，就 感到[16] 放心[17]，精神 饱满[18]。
yìqǐ, jiù gǎndào fàngxīn, jīngshén bǎomǎn.

8 为什么=なぜ　9 剧目=芝居の演目、レパートリー　10 选定=選んで決める
11 主角=主役　12 角色=役　13 村头=村はずれ　14 树林=林　15 聪明=賢い
16 感到=感じる、思う　17 放心=安心する　18 饱满=充実している、満ちている

 两个王子

ポイント

❶ 那年，斯巴鲁那和王子<u>都</u>是七岁。：その年、スバルナは、ルーピヤ王子と同じ七歳でした。

"<u>都</u>"は副詞で、その前にある複数の意味をまとめて表します。

① 他们<u>都</u>是学生。　　　　　　　　　　　　　　　彼らはみな学生です。
　Tāmen dōu shì xuésheng.

⇒ "都"の前には、単数のものは置けません。

② ×她都是学生。　　　　　　　　　　　　　　　　　（非文）

❷ 大家<u>只要</u>和他在一起，<u>就</u>感到放心，精神饱满：彼と一緒にいるだけで、みんなは安心し、元気になってしまうのでした。

"<u>只要</u>……<u>就</u>……"は、必要条件を表す関連詞です。

③ 你<u>只要</u>努力学习，<u>就</u>一定能学好。
　Nǐ zhǐyào nǔlì xuéxí, jiù yídìng néng xuéhǎo.

　　　　　　　　　　　君がんばって勉強すれば、きっとマスターできる。

④ <u>只要</u>你给他打电话，他<u>就</u>会来。　君が電話しさえすれば、彼は来るだろう。
　Zhǐyào nǐ gěi tā dǎ diànhuà, tā jiù huì lái.

老爷爷　和　松鼠[19]、小鸟　一起　生活　在　高大
Lǎoyéye　hé　sōngshǔ,　xiǎoniǎo　yìqǐ　shēnghuó　zài　gāodà
的　菩提树[20]　的　洞穴　里。他　留着　长长　的　胡须[21]，
de　pútíshù　de　dòngxué　li.　Tā　liúzhe　chángcháng　de　húxū,
小　牛犊[22]　般　的　慈祥[23]　的　眼睛　总是　微笑着。
xiǎo　niúdú　bān　de　cíxiáng　de　yǎnjing　zǒngshì　wēixiàozhe.

斯巴鲁那　一　见　老爷爷　就　喜欢上　他
Sībālǔnà　yí　jiàn　lǎoyéye　jiù　xǐhuanshàng　tā
了。于是，他　老实[24]　地　说："我　非常　担心　能否
le.　Yúshì,　tā　lǎoshi　de　shuō: "Wǒ　fēicháng　dānxīn　néngfǒu
演好　王子　的　角色。"
yǎnhǎo　wángzǐ　de　juésè."

---

19 **松鼠**＝リス　　20 **菩提树**＝（インド）ボダイジュ　　21 **胡须**＝ひげ
22 **犊**＝牛の子　　23 **慈**＝情深い、優しい　　24 **老实**＝誠実である

二人の王子さま 第3話

老爷爷 听了 他 的 话 微微 一 笑，便
Lǎoyéye tīngle tā de huà wēiwēi yí xiào, biàn
从 洞穴 的 深处 非常 小心 地 将 一 个
cóng dòngxué de shēnchù fēicháng xiǎoxīn de jiāng yí ge
美丽 的 天鹅绒25 包袱26 拿 了 出来。
měilì de tiān'éróng bāofu ná le chūlai.

老爷爷 一 打开 包，那 炫目27 的 光辉 使28
Lǎoyéye yì dǎkāi bāo, nà xuànmù de guānghuī shǐ
斯巴鲁那 都 睁不开29 眼 来。
Sībālǔnà dōu zhēngbukāi yǎn lái.

如同30 金色 孔雀 展开 翅膀31 一样。
Rútóng jīnsè kǒngquè zhǎnkāi chìbǎng yíyàng.

那 是 一 顶 小 金冠。
Nà shì yì dǐng xiǎo jīnguàn.

25 天鹅绒＝白鳥の羽 26 包袱＝ふろしき 27 炫＝まぶしい，まばゆい
28 使＝〜させる 29 睁＝目をあける 30 如同＝まるで〜のようだ
31 翅膀＝羽、翼

 两个王子

ポイント

❸ **老爷爷一打开包，那炫目的光辉使斯巴鲁那都睁不开眼来**：おじいさんが包みを開くと、スバルナはまぶしくて目をつぶりました。

"**睁不开眼来**"は、可能補語の否定形です。動詞と補語の間に、"**不**"や"**得**"を割り込ませて、「〜できない」や「〜できる」を表します。

⑤ 她**看不懂**中文。　　　　　　（否定）彼女は中国語が（見て）わからない。
　　Tā kànbudǒng Zhōngwén.

⑥ 你**听得懂**汉语吗?　　　　　　（肯定）中国語が（聞いて）わかりますか?
　　Nǐ tīngdedǒng Hànyǔ ma?

老爷爷　　说："你　　戴上　　看看。""这　是　很
Lǎoyéye　shuō: " Nǐ　dàishang　kànkan." "Zhè　shì　hěn

久　很　久　以前　被　人们　称为'人　的　王者'
jiǔ　hěn　jiǔ　yǐqián　bèi　rénmen　chēngwéi 'rén　de　wángzhě'

的　大王　所有³²　的"
de　dàwáng　suǒyǒu　　de"

"啊，那个　王者　叫　什么？"
" A,　nàge　wángzhě　jiào　shénme?"

"叫'人世　的　王者'。他　能　使　这　顶　金冠
" Jiào 'rénshì　de　wángzhě'. Tā　néng　shǐ　zhè　dǐng　jīnguān

像　早晨　八点钟　的　太阳　那样　发出³³　耀眼
xiàng　zǎochén　bā diǎnzhōng　de　tàiyáng　nàyàng　fāchū　　yàoyǎn

的　光芒³⁴。"
de　guāngmáng."

32 **所有**＝所有する　　33 **发出**＝出す、発する　　34 **光芒**＝光、光線

真是³⁵ 不可思议³⁶ 的 事。
Zhēnshì bùkě-sīyì de shì.

老爷爷 最后 慢吞吞 地 说了 一 句:"说 实在³⁷
Lǎoyéye zuìhòu màntūntūn de shuōle yí jù: "Shuō shízài

的,斯巴鲁那,你 也 是 一 个 高贵 的 王者。"
de, Sībālǔnà, nǐ yě shì yí ge gāoguì de wángzhě."

斯巴鲁那 还是³⁸ 不 理解 这 话 的 深刻
Sībālǔnà háishi bù lǐjiě zhè huà de shēnkè

意义³⁹。但是,"王者" 这个 词 却⁴⁰ 萦绕⁴¹ 在
yìyì. Dànshì, "wángzhě" zhège cí què yíngrào zài

他 的 脑海⁴² 里。
tā de nǎohǎi li

ポイント

❹ 他能**使**这顶金冠像早晨八点钟的太阳那样发出耀眼的光芒。
: その人が、この金の冠を、午前八時の太陽のように、輝かすことができるのだ。
"**使**"は使役を表し、一般的に書き言葉で用いられます。

⑦ 她的信**使**我高兴。　　　　　彼女から手紙がきて、私は嬉しい。
　Tā de xìn shǐ wǒ gāoxìng.

⑧ 他的话**使**我感动。　　　　　彼の話に感動した。
　Tā de huà shǐ wǒ gǎndòng.

---

35 **真是**=ほんとにまぁ、実に　　36 **不可思议**=不思議だ、理解できない

37 **实在**=本当である　　38 **还是**=やはり　　39 **意义**=意味　　40 **却**=かえって

41 **萦绕**=つきまとう　　42 **脑海**=脳裏

两个王子

4
我虽然装扮了城堡里的王子,但……
お城の王子のまねをしたのに

斯巴鲁那 回到 家里 立刻[1] 戴上 这 顶 王冠。
Sībālǔnà huídào jiāli lìkè dàishang zhè dǐng wángguàn.

他 说:"嘿[2], 我 是 个 王者 啊。"
Tā shuō: "Hēi, wǒ shì ge wángzhě a."

他 突然 感到 变[3] 得 很 了不起 似 的。
Tā tūrán gǎndào biàn de hěn liǎobuqǐ shì de.

他 很 想 装作[4] 城堡 里 的 卢比亚 王子 的 样子[5]。
Tā hěn xiǎng zhuāngzuò chéngbǎo li de Lúbǐyà wángzǐ de yàngzi.

于是,斯巴鲁那 便 到 村里 的 广场 去
Yúshì, Sībālǔnà biàn dào cūnli de guǎngchǎng qù

了。气塔 等 一帮 淘气 的 孩子 正 爬 在
le. Qìtǎ děng yibāng táoqì de háizi zhèng pá zài

高高 的 椰子树 上 玩耍。
gāogāo de yēzishù shàng wánshuǎ.

---

1 立刻=すぐに 2 嘿=驚いた時に発する言葉 3 变=変わる
4 装作=〜のふりをする 5 样子=格好、様子

二人の王子さま 第4話

ポイント

❶ 气塔等一帮淘气的孩子正爬在<mark>高高</mark>的椰子树上玩耍：いじめっ子のチッタたちが、高い高いヤシの木にのぼって、遊んでいた。

"<mark>高高</mark>"は、状態詞です。形容詞とは、用法が違うので注意しましょう。例えば、状態詞には程度副詞を付加できません。

① 这是从神户带来的<mark>小小</mark>的礼物，请您收下。
　　Zhè shì cóng Shénhù dàilái de xiǎoxiǎo de lǐwù, qǐng nín shōuxià.
　　　　　　これは、神戸から持参した心ばかりの品です。どうぞお納めください。

② ×这是从神户带来的<mark>很小小</mark>的礼物，请您收下。　　　　　（非文）

斯巴鲁那 作出 有点 令[6] 人 害怕 的 神情，
Sībālǔnà zuòchū yǒudiǎn lìng rén hàipà de shénqíng,

站 在 树 的 下面。那 金冠 在 阳光[7] 的
zhàn zài shù de xiàmian. Nà jīnguàn zài yángguāng de

照射[8] 下 闪闪[9] 发亮[10]。
zhàoshè xià shǎnshǎn fāliàng.

这 时候，气塔 在 树 上 说："是 胆小鬼[11] 的
Zhè shíhou, Qìtǎ zài shù shang shuō: "Shì dǎnxiǎoguǐ de

斯巴鲁那 吧？今天 又 到 这儿 找 揍[12] 来 了 吧？"
Sībālǔnà ba? Jīntiān yòu dào zhèr zhǎo zòu láile ba?"

6 令＝～させる、命令する　　7 阳光＝日光　　8 照射＝照らす
9 闪闪＝きらきら、ぴかぴか　　10 发亮＝光っている、明るくなる
11 胆小鬼＝臆病者　　12 揍＝壊す、殴る

两个王子

斯巴鲁那 拉下 脸¹³ 来 回答 说:"我 是 个
Sībālǔnà lāxia liǎn lai huídá shuō: "Wǒ shì ge

王者。你 难道¹⁴ 没 看见 我 这 顶 华丽¹⁵ 的
wángzhě. Nǐ nándào méi kànjian wǒ zhè dǐng huálì de

金冠 吗?要是 你 不 听 我 的 话,我 就 给
jīnguān ma? Yàoshì nǐ bù tīng wǒ de huà, wǒ jiù gěi

你 点儿 厉害 瞧瞧¹⁶。"他 的 声音 与 城堡
nǐ diǎnr lìhai qiáoqiao." Tā de shēngyīn yǔ chéngbǎo

里 的 卢比亚 王子 一样。
li de Lǔbǐyà wángzǐ yīyàng.

"你 逞 什么 强¹⁷?"
"Nǐ chěng shénme qiáng?"

气塔 说完 这 句 话
Qìtǎ shuōwán zhè jù huà

后 便 举起 拳头 从 树
hòu biàn jǔqǐ quántou cóng shù

上 跳¹⁸ 了 下来。
shang tiào le xiàlái.

ポイント

② "你难道没看见我这顶华丽的金冠吗?":「まさかこの華麗な金の冠が見えないのではあるまい。」
"没看见"は、結果補語の否定形です。

③ 她还没学好中文。　　　　彼女はまだ中国語をマスターしていない。
Tā hái méi xuéhǎo Zhōngwén.

④ 《新华字典》我没买到。　　『新華字典』を私は買えなかった。
«XĪNHUÁ ZÌDIǍN» wǒ méi mǎidào.

---

13 拉下脸＝むっとする　　14 难道＝まさか〜ではあるまい　　15 华丽＝華麗である
16 瞧＝見る　　17 逞强＝強がる、威勢を張る　　18 跳＝跳ぶ

二人の王子さま 第4話

斯巴鲁那　大吃一惊　慌忙[19]　逃走　了。广场
Sībālǔnà　dàchī-yìjīng　huāngmáng　táozǒu　le. Guǎngchǎng

上　爆发出[20]　一阵[21]　大笑。
shàng　bàofāchū　yízhèn　dàxiào.

　　当天　晚上，斯巴鲁那　懊恼[22]　得　连[23]　觉　都
　　Dāngtiān wǎnshàng, Sībālǔnà　àonǎo　de　lián　jiào　dōu

睡不着[24]。月亮　静静　地　悄然[25]　无声[26]　地　照着
shuìbuzháo.　Yuèliang　jìngjìng　de　qiǎorán　wúshēng　de　zhàozhe

金冠。
jīnguàn.

---

19 **慌忙**＝驚きあわてる　　20 **爆发**＝突発する　　21 **一阵**＝しばらく
22 **懊恼**＝思い悩む　　23 **连**＝～さえも　　24 **睡不着**＝眠れない
25 **悄然**＝ひっそり、静かに　　26 **无声**＝音声がない

 两个王子

斯巴鲁那 心里 想:"我 做 得 明明 和
Sībālǔnà xīnli xiǎng: Wǒ zuò de míngmíng hé
城堡 里 的 王子 一样 啊, 可 怎么……。"他
chéngbǎo li de wángzǐ yíyàng a, kě zěnme…… Tā
觉得 很 奇怪。
juéde hěn qíguài.

"老爷爷 说 我 也 是 一 个 高贵 的 王者,
"Lǎoyéye shuō wǒ yě shì yí ge gāoguì de wángzhě.
可 这 究竟[27] 是 怎么 回事 呢?"
kě zhè jiūjìng shì zěnme huíshì ne?"

他 虽然 苦思冥想[28,29], 却 没 能 找出 答案。
Tā suīrán kǔsī-míngxiǎng, què méi néng zhǎochū dá'ān.

ポイント

❸ "我做得明明和城堡里的王子一样啊":「お城の王子さまと同じことをしたはずなのになあ…。」

"A和B一样"は「AはBと同じ」であることを表します。"和"は"跟"に言い換えられます。また"一样"の後に形容詞を置いてどのように同じなのかを表します。

⑤ **我跟她一样。**　　　　　　　　　　　　　私は彼女と同じです。
　Wǒ gēn tā yíyàng.

⑥ **我跟她一样大。**　　　　　　　　　　　私と彼女は同じ年です。
　Wǒ gēn tā yíyàng dà.

27 **究竟**=いったい、結局　　28 **苦思**=苦慮する　　29 **冥想**=瞑想する、深く考える

二人の王子さま 第４話

两个王子

5 王冠 亮了！
冠が光った！

斯巴鲁那 决定 再 去 找 树林 里 的 老爷爷。
Sībālǔnà juédìng zài qù zhǎo shùlín li de lǎoyéye.

当 他 经过[1] 广场 旁边[2] 时，听到[3] 椰子树
Dāng tā jīngguò guǎngchǎng pángbiān shí, tīngdào yēzishù

那儿 传来[4] 非常 热闹[5] 的 笑声。是 气塔 他们
nàr chuánlái fēicháng rènao de xiàoshēng. Shì Qìtǎ tāmen

正在[6] 玩耍[7] 吧。
zhèngzài wánshuǎ ba.

这 时候，发出[8] "喀嚓[9]、扑通[10]" 很 响[11] 的 声音[12]，
Zhè shíhou, fāchū "kāchā, pūtōng" hěn xiǎng de shēngyīn,

一 个 黑色 的 东西[13] 从 树 上 掉了[14] 下来[15]。
yí ge hēisè de dōngxi cóng shù shang diàole xialai.

哎呀，那 不 是 椰子 而 是 淘气 包儿 气塔。
Āiyā, nà bú shì yēzi ér shì táoqì bāor Qìtǎ.

---

1 **经过**=通過する、経る　　2 **旁边**=そば　　3 **听到**=耳にする、聞こえる
4 **传**=伝わる、広める　　5 **热闹**=にぎやかである　　6 **正在**=ちょうど〜している
7 **玩耍**=あそぶ　　8 **发出**=出す　　9 **喀嚓**=物が折れたり、壊れた音、バリッ、カンカン
10 **扑通**=重いものが地面や水中に落ちる音、ぼとん　　11 **响**=こだま、響く
12 **声音**=音、物音　　13 **东西**=物、物体　　14 **掉**=落ちる、落とす
15 **下来**=下りる、動作が下の方向に行われることを表す

二人の王子さま 第5話

"活该[16]！"斯巴鲁那 开始[17] 是 这样 想。可是
"Huógāi!"　　Sībālǔnà　　kāishǐ　shì　zhèyàng xiǎng. Kěshì
仔细[18] 一 看, 鲜红[19] 的 血 正 从 摔倒 在 地上
zǐxì　　yí　kàn, xiānhóng　de　xiě zhèng cóng shuāidǎo zài dìshang
的 气塔 的 腿[20] 上 流了 出来。
de　Qìtǎ　de　tuǐ　shang　liúle　chūlái.

ポイント

① 是气塔他们<mark>正在</mark>玩耍吧。：チッタたちが遊んでいるのでしょう。
"<mark>正在</mark>"は、進行を表す副詞です。

①他们<mark>正在</mark>唱歌。　　　　　　　彼らは丁度歌っています。
　Tāmen zhèngzài chànggē.

②他们<mark>正在</mark>看电视呢。　　　　　彼らは丁度テレビを見ています。
　Tāmen zhèngzài kàn diànshì ne.

⇒否定形を作りましょう。
　否定には"没有"が用いられ、進行を表す"正在"や"在"などは取り払いますので注意しましょう。

③他们正在唱歌。→他们<mark>没</mark>唱歌。　　→彼らは歌っていません。
　Tāmen zhèngzài chànggē. → Tāmen méi chànggē.

④他们正在看电视呢。
　　→他们<mark>没</mark>看电视。　　　　　　　→彼らはテレビを見ていません。
　Tāmen zhèngzài kàn diànshì ne. → Tāmen méi kàn diànshì.

16 活该=当たり前、当然　　17 开始=初め、最初
18 仔细=注意深い、気をつける　　19 鲜红=鮮紅色　　20 腿=足、脚（足首より上）

35

两个王子

斯巴鲁那 觉得²¹ 可怜²²，他 向 大家 说："若是²³ 放下²⁴ 不 管²⁵，就 很 危险 了。必须 赶快²⁶ 把 他 扶 回家 去。"

然而²⁷，别 的 朋友 都 怕 血，只是 袖手旁观²⁸。

于是²⁹，斯巴鲁那 鼓起 勇气 将 气塔 背了 起来。

气塔 抽抽 搭搭³⁰ 地 说："谢谢 你，谢谢 你。"

这 时，斯巴鲁那 戴³¹ 的 金冠，流星 似 地 闪出了 光芒³²。

"哟³³，亮³⁴ 了！"

"哇³⁵，真 亮！"

21 **觉得**＝と思う、～のような気がする　　22 **可怜**＝哀れである、かわいそう
23 **若是**＝もし～であったら　　24 **放下**＝(下に)置く、放す　　25 **管**＝かまう、管理する
26 **赶快**＝早く、急いで　　27 **然而**＝けれども、しかし、ところが
28 **袖手旁观**＝傍観する　　29 **于是**＝そこで、そして　　30 **抽搭**＝泣きじゃくる
31 **戴**＝かぶる　　32 **光芒**＝光　　33 **哟**＝軽い驚きを表す　　34 **亮**＝明るい
35 **哇**＝泣いたり大声をあげたりする時の声

二人の王子さま 第5話

斯巴鲁那 周围 的 人们 一个个[36] 全 是 笑脸[37]。

斯巴鲁那 把 一切[38] 都 告诉了[39] 树林 里 的 老爷爷。

老爷爷 微笑着 慢吞吞[40] 地 说:"这 是 要 想 为 上 而 耍 威风[41] 的 人 反而 为 下, 在 下 支撑[42] 的 人 变 而 为 上 了。"

连续[43] 发生了 奇怪 的 事情。

当 斯巴鲁那 帮助[44] 一 位 因 拉不动 沉重[45] 的 板车[46] 而 发愁[47] 的 老爷爷 时,那 顶 王冠 又 发光 了。

36 一个个＝一人一人、だれもかれも　37 笑脸＝笑顔
38 一切＝一切、全部、あらゆる　39 告诉＝告げる、知らせる
40 慢吞吞＝ゆったりしている　41 威风＝威風、威勢
42 支撑＝支える、我慢する、支柱　43 连续＝連続する、続く　44 帮助＝助ける、援助
45 沉重＝重い、甚だしい　46 板车＝大八車、手押し車、三輪車
47 发愁＝困惑する、心配する、気が沈む

两个王子

让一个因婴儿得病而不住啼哭[48]的年轻的妈妈破涕为笑的时候，王冠也闪出了光辉。

戴着金冠的斯巴鲁那渐渐[49]地受到村里人的欢迎。也没有人再欺负他了。

斯巴鲁那感到稍稍[50]懂得老爷爷说的话了。

---

48 啼哭＝泣く　　49 渐渐＝だんだん、しだいに　　50 稍＝少し

但是， 还 有 不 明白⁵¹ 的 地方。 那 就是：
Dànshì, hái yǒu bù míngbái de dìfang. Nà jiùshì:

一味⁵² 摆 架子⁵³ 耍 威风 的 城堡 里 的 卢比亚
Yíwèi bǎi jiàzi shuǎ wēifēng de chéngbǎo li de Lúbǐyà

王子 也 戴着 美丽 而 耀眼 的 金冠。
wángzǐ yě dàizhe měilì ér yàoyǎn de jīnguàn.

ポイント

❷ **让**一个因婴儿得病而不住啼哭的年轻的妈妈破涕为笑的时候，王冠也闪出了光辉。：赤ちゃんが病気なので、泣いてばかりの若いお母さんを笑わせたときも、王冠はきらきらと輝きました。

"**让**" は、使役を表します。

⑤ **让**您久等了。　　　　　　　　　　　　お待たせ致しました。
　Ràng nín jiǔ děng le.

⑥ **让**我们一起唱歌。　　　　　　　　　　一緒に歌いましょう。
　Ràng wǒmen yìqǐ chànggē.

---

51 **明白**＝はっきりしている　　52 **一味**＝ひたすら、一途に、どこまでも
53 **摆架子**＝もったいぶる、威張る

两个王子

6 "斯巴鲁那 王子"的 出现
「スパルナ王子」の誕生

村子 里 演剧 的 日子[1] 终于[2] 来到 了。
Cūnzi li yǎn jù de rìzi zhōngyú láidào le.

广场 上 坐满了 村里 的 人。斯巴鲁那
Guǎngchǎng shàng zuòmǎnle cūnli de rén. Sībālǔnà

的 心 在 怦怦 地 跳。
de xīn zài pēngpēng de tiào.

这 时候,他 耳朵 的 深处 听见了[3] 树林
Zhè shíhou, tā ěrduō de shēnchù tīngjiànle shùlín

里 的 老爷爷 慈祥 的 声音:"放心 大胆[4] 地
li de lǎoyéye cíxiáng de shēngyīn: "Fàngxīn dàdǎn de

演 吧!"于是,他 顿[5] 觉 勇气 倍增。他
yǎn ba!" Yúshì, tā dùn jué yǒngqì bèizēng. Tā

衷心[6] 想 让 大家 快乐[7]。
zhōngxīn xiǎng ràng dàjiā kuàilè.

---

1 日子=日、日数　2 终于=ついに、とうとう　3 听见=聞きつける、耳にする
4 大胆=大胆である　5 顿=急に　6 衷心=心からの、内心　7 快乐=楽しい

二人の王子さま 第6話

ポイント

❶ 广场上坐满了村里的人。：広場は沢山の村人でいっぱいです。
"广场"は名詞ですが、方位詞の"上"や"里"を付加して場所化"广场上"します。

①电冰箱里有冰块儿。　　　　　　　　　　冷蔵庫に氷があります。
　Diànbīngxiāng li yǒu bīngkuàir.

②教室里有学生。　　　　　　　　　　　　教室に学生がいます。
　Jiàoshì li yǒu xuésheng.

⇒例文1の"电冰箱"は一般名詞なので必ず方位詞を必要としますが、例文2の"教室"はすでに場所を表す意味があるので、方位詞は省略可能です。

头　上　戴　的　金冠　也　像　撒了⁸　金粉
Tóu shang dài de jīnguàn yě xiàng sǎle jīnfěn
一样　闪耀着　光芒。
yíyàng shǎnyàozhe guāngmáng.

登上　舞台　的　斯巴鲁那　已　是　一　个
Dēngshàng wǔtái de Sībālǔnà yǐ shì yí ge
极其　了不起　的"王子"了。他　勇敢　地　与⁹
jíqí liǎobuqǐ de "wángzǐ" le. Tā yǒnggǎn de yǔ
坏人¹⁰　作　斗争¹¹。而且¹²　还　帮助　受苦¹³　的
huàirén zuò dòuzhēng. Érqiě hái bāngzhù shòukǔ de

8 撒=まく、こぼす　　9 与=～と　　10 坏人=悪人、悪党
11 斗争=闘う、争い、対立、衝突　　12 而且=しかも　　13 受苦=苦しい目にあう

41

两个王子

人们。他 浑身[14] 充满着[15] 那 颗 坚强[16] 而
正直 的 心。

村里 的 人 都 非常 高兴[17]。其中 有
气塔 等 人。也 有 拉 板车 的 老爷爷。爱
哭 的 年轻[18] 妈妈 也 笑 起来 了。

有 人 高喊："斯巴鲁那 王子 万岁！"顿时[19],
"王子 万岁！"的 呼喊[20] 声 传遍[21] 四方。

当 斯巴鲁那 微微 一 笑 时，金冠 显得[22]
越发 美丽，像 太阳 一样 发出 灿烂[23] 的
光芒。

---

14 浑身＝全身、体中　15 充满＝満たす　16 坚强＝堅固である、粘り強い
17 高兴＝喜ぶ、うれしい　18 年轻＝年が若い　19 顿时＝ただちに
20 呼喊＝叫ぶ　21 遍＝くまなく、一面に　22 显＝明らかである、よく目立つ
23 灿烂＝光り輝く、きらめく

村里 的 人 都 非常 喜欢上了 斯巴鲁那。

一 见到 斯巴鲁那，他们 就 放心。金冠 一 亮，他们 就 精神百倍。

斯巴鲁那 的 名声 在 世上[24] 渐渐 传开了，越 传 越 远，不久 就 传到了 京城[25]。

---

24 世上＝世間、世の中　　25 京城＝都

两个王子

ポイント

❷ 金冠**一**亮，他们**就**精神百倍：金の冠が輝くと、彼らは元気になるのです。
"**一**……**就**……"は、「〜すると、すぐに〜」を表します。

③ 他一看就喜欢上了她。　　　　　彼は一目で彼女を好きになった。
　　Tā yí kàn jiù xǐhuanshàngle tā.

④ 她一紧张就吃不好了。　　　　　彼女は緊張するや食が進まなくなった。
　　Tā yì jǐnzhāng jiù chībuhǎo le.

❸ 斯巴鲁那的名声在世上渐渐传开了，**越**传**越**远，不久就传到了京城：
スバルナのうわさは、だんだん大きくなりました。大きくなって、やがて都までとどきました。

"**越**……**越**……"は、「〜すればするほど〜」を表します。

⑤ 她汉语**越**来**越**好了。　　　　　彼女の中国語は、ますます上達した。
　　Tā Hànyǔ yuèláiyuè hǎo le.

⑥ 北京烤鸭我**越**听**越**想吃。　　北京ダックは、聞けば聞くほど食べたくなる。
　　Běijīng kǎoyā wǒ yuè tīng yuè xiǎng chī.

二人の王子さま 第6話

两个王子

7 抓住 冒牌货！
偽者を捕まえろ！

卢比亚 王子 从 城楼¹ 的 窗户² 里 呆呆³
Lúbǐyà wángzǐ cóng chénglóu de chuānghu li dāidāi

地 凝视着⁴ 村镇⁵。当然，他 戴着 金冠。
de níngshìzhe cūnzhèn. Dāngrán, tā dàizhe jīnguàn.

这 时候，听到了 随⁶ 风 传来
Zhè shíhou, tīngdàole suí fēng chuánlái

的 孩子们 的 歌声。
de háizimen de gēshēng.

在 奖朴国 里 有 两 个 王子。
Zài Jiǎngpǔguó li yǒu liǎng ge wángzǐ.

1 城楼＝城門の上に築かれたやぐら　2 窗户＝窓
3 呆＝ぼんやりする、愚鈍である　4 凝视＝凝視する、ずっと見つめる
5 村镇＝村と町　6 随＝～に基づいて、～のままに

一个 冷酷[7]，一个 慈善[8]。
yí ge lěngkù, yí ge císhàn.

一个 慈善，一个 冷酷。
yí ge císhàn, yí ge lěngkù.

"两个 王子" 是 什么 意思[9]？
"liǎng ge wángzǐ" shì shénme yìsi?

"一个 冷酷" 指 的 是 谁？
"Yí ge lěngkù" zhǐ de shì shéi?

在 他 问了 周围 的 人 时，他们 说：
Zài tā wènle zhōuwéi de rén shí, tāmen shuō:

"戴着 像 太阳 那样 的 光亮 金冠 的 少年
"Dàizhe xiàng tàiyáng nàyàng de guāngliàng jīnguàn de shàonián

被[10] 称为[11] '王子'，很 受 大家 的 欢迎。"
bèi chēngwéi 'wángzǐ', hěn shòu dàjiā de huānyíng."

卢比亚 很 生气 地 叫 起来："这个 国家
Lúbǐyà hěn shēngqì de jiào qǐlai: "Zhège guójiā

的 王子 只有 我 一 个 人。不能 容许[12] 有
de wángzǐ zhǐyǒu wǒ yí ge rén. Bùnéng róngxǔ yǒu

冒牌货[13]。"
màopáihuò."

---

7 **冷酷**＝冷酷、むごい　　8 **慈善**＝慈悲深い　　9 **意思**＝意味、内容

10 **被**＝〜される、遭う、被る　　11 **称**＝〜という、〜と呼ぶ

12 **容许**＝許容する、許す、認める、あるいは〜かも知れない

13 **冒牌**＝にせもの、ブランド品を装う

两个王子

于是，穿着 铠甲[14] 的 士兵们 跑来 了。
Yúshì, chuānzhe kǎijiǎ de shìbīngmen pǎolái le.

卢比亚 叫喊 似的[15] 发出 命令：“马上 抓住[16]
Lúbǐyà jiàohǎn shide fāchū mìnglìng: "Mǎshàng zhuāzhù

'冒牌 王子'。闪闪[17] 发光 的 金冠 就 是
'màopái wángzǐ'. Shǎnshǎn fāguāng de jīnguàn jiù shì

标志[18]！"
biāozhì!"

ポイント

❶ 卢比亚很生气地叫起来："这个国家的王子只有我一个人。不能容许有冒牌货。"：ルーピヤは、腹を立てて叫びました。「この国の王子は、ぼく一人だぞ。にせものは、許さない。」

"～起来" は、動作や状況の始まりを表します。

① 我们唱起来了。　　　　　　　　　　私たちは歌い出した。
　 Wǒmen chàngqǐlái le.
⇒目的語の位置は、"来" の前です。

② 下起雨来了。　　　　　　　　　　　雨が降り出した。
　 Xiàqǐ yǔ lái le.
⇒他に、「～してみると」の意味もあります。

③ 这道题看起来很难，可是做起来不太难。
　 Zhè dào tí kànqilai hěn nán, kěshì zuòqilai bú tài nán.
　 この問題はみたところ難しそうだが、解いてみるとそう難しくない。

---

14 铠甲＝鎧　　15 似的＝(まるで)〜のようだ、似る　　16 抓住＝しっかりとつかむ
17 闪闪＝きらきら、ぴかぴか　　18 标志＝標識、印、マーク

士兵们 一 出去，房间[19] 里 就 剩下 卢比亚
Shìbīngmen yì chūqù, fángjiān li jiù shèngxia Lúbǐyà
一 个 人 了。
yí ge rén le.

卢比亚 又 重复了[20] 一 遍："这个 国家 的
Lúbǐyà yòu chóngfùle yí biàn: "Zhège guójiā de
王子 只有 我 一 个 人！"
wángzǐ zhǐyǒu wǒ yí ge rén!"

可是，他 的 声音 显得 非常 孤单[21] 寂寞[22]。
Kěshì, tā de shēngyīn xiǎnde fēicháng gūdān jìmò.
金冠 失去了 光辉，看上去 好像 有些 陈旧 了。
Jīnguàn shīqùle guānghuī, kànshangqu hǎoxiàng yǒuxiē chénjiù le.

19 **房间**＝部屋、室　　20 **重复**＝重複する、繰り返す　　21 **孤单**＝孤独である
22 **寂寞**＝寂しい、やるせない

两个王子

那 天 晚上，斯巴鲁那 正 和 许多 村里
Nà tiān wǎnshang, Sībālǔnà zhèng hé xǔduō cūnli

的 人 热热闹闹 地 一起 进餐23。
de rén rèrè-nàonào de yìqǐ jìn cān.

这 时，有 一 个 村里 的 人 气喘吁吁24
Zhè shí, yǒu yí ge cūnli de rén qìchuǎn-xūxū

地 跑来 说："不得了 啦，城堡 里 的 士兵们
de pǎolái shuō: "Bùdéliǎo la, Chéngbǎo li de shìbīngmen

正 向 村子 这里 走来，要 抓 斯巴鲁那！"
zhèng xiàng cūnzi zhèli zǒulái, yào zhuā Sībālǔnà!"

村里 的 人 一个个 吓 得 脸 都 白 了。
Cūnli de rén yígègè xià de liǎn dōu bái le.

ポイント

❷ 金冠失去了光辉，<mark>看上去</mark>好像有些陈旧了。：金の冠は、光を失い、なんだか古ぼけていました。

"<mark>看上去</mark>"は「みたところ」という意味を表します。

④ 她<mark>看上去</mark>三十岁左右，其实五十岁，显得非常年轻。
　Tā kànshàngqu sānshí suì zuǒyòu, qíshí wǔshí suì, xiǎnde fēicháng niánqīng.
　彼女は見たところ30歳位に見えるが、実は50歳です。とても若く見えます。

⑤ 这个包<mark>看上去</mark>是名牌儿，其实是冒牌儿。
　Zhège bāo kànshàngqu shì míngpáir, qíshí shì màopáir.
　このカバンは、ブランド品に見えますが、実は偽物です。

23 **进餐**＝食事をとる　　24 **气喘吁吁**＝はあはあ喘ぐ

二人の王子さま　第７話

两个王子

卢比亚 王子 和 斯巴鲁那 王子
ルーピヤ王子とスパルナ王子

斯巴鲁那 镇定[1] 地 说："别 担心[2]！"他
把 那 顶 金冠 轻轻 地 放到 桌子 上。

奇怪 的 是,金冠 上 的 闪光 一下子 消失 了。

这 时候,士兵们 粗暴[3] 地 闯了[4] 进来[5]：

"你们 这儿 一定 有 一 个 戴着 闪光 的
金冠 装作[6] 王子 的 人 吧？"

1 镇定＝落ち着いている 2 担心＝心配する 3 粗暴＝荒っぽい
4 闯＝不意に飛び込む、経験をつむ 5 进来＝入ってくる
6 装作＝～のふりをする、～に変装する

二人の王子さま　第8話

大家　都　默默[7]　地
Dàjiā　dōu　mòmò　de
摇了摇　头[8]。可是，士兵们
yáoleyáo　tóu.　Kěshì,　shìbīngmen
一下子　就　发现了[9]　放
yíxiàzi　jiù　fāxiànle　fàng
在　桌子　上　的　金冠。
zài　zhuōzi　shàng　de　jīnguàn.
"光亮　的　金冠"　就是
"Guāngliàng de　jīnguàn"　jiùshì
"假　王子"　的　标志。
"jiǎ　wángzǐ"　de　biāozhì.
士兵们　把　那　顶　金冠　使劲[10]　地　擦了[11]
Shìbīngmen　bǎ　nà　dǐng　jīnguàn　shǐjìn　de　cāle
起来。但是，它　不仅[12]　没有　闪光，反倒[13]　越
qǐlai.　Dànshì,　tā　bùjǐn　méiyǒu　shǎnguāng,　fǎndào　yuè
擦　越　黑　了。
cā　yuè　hēi　le.

ポイント

❶ "别担心！"「心配しないで。」
"别"は禁止を表す副詞です。他に"不要"があります。"别"の時は、後ろに動詞を置かないで用いることも可能です。

① 你**不要**出去玩儿。　　　　　　遊びに行ってはいけない。
　Nǐ búyào chūqù wánr.

② 你**别**出去玩儿。　　　　　　　遊びに行ってはいけない。
　Nǐ bié chūqù wánr.

③ **别**，**别**，我们一起出去玩儿。　だめ、だめ、一緒に遊びに行こう。
　Bié, bié, wǒmen yìqǐ chūqu wánr.

7 **默默**＝黙々として　　8 **摇头**＝頭を左右に振る、否定、阻止を表す
9 **发现**＝発見する、気づく　　10 **使劲**＝力を出す、努力する　　11 **擦**＝擦る
12 **不仅**＝〜だけでない、〜ばかりでなく　　13 **反倒**＝かえって、反対に

两个王子

"嗨，等着 瞧[14]！" 士兵们 吧 那 顶 金冠
扔在[15] 一 旁，露出 气愤[16] 的 样子 回去 了。

斯巴鲁那 一 戴上 这 顶 金冠，它 又 开始
闪闪 发光，大家 高兴 得 拍起 手[17] 来。

因 士兵们 没 能 抓到 "冒牌 王子"，卢比亚
王子 大发雷霆[18]，他 说："既然[19] 这样，我 亲自[20]
去 抓 冒牌货！"

---

14 瞧=見る　15 扔=投げる、捨てる　16 气愤=怒る、腹が立つ
17 拍手=拍手する　18 大发雷霆=大いに雷を落とす、かんかんに怒る
19 既然=〜したからには、〜である以上　20 亲自=自分で、自ら

二人の王子さま 第8話

卢比亚 骑上[21] 大象 领着[22] 很 多 士兵 从
Lǔbǐyà qíshàng dàxiàng lǐngzhe hěn duō shìbīng cóng
城堡 出发 了。
chéngbǎo chūfā le.

咕咚[23], 扑通, 咕咚, 扑通……。
Gūdōng, pūtōng, gūdōng, pūtōng …….

ポイント

❷ 咕咚，扑通，咕咚，扑通：ドシン、ズシン、ドシン、ズシン。
"咕咚"は、重いものが落下する音を、"扑通"は、物が地面や水中に落ちる音を表す擬声語です。

④ 她咕咚一声从床上掉下来了。　　彼女はドンとベッドから落ちた。
　Tā gūdōng yì shēng cóng chuáng shang diào xiàlai le.

⑤ 他扑通地一声从台上跳下来了。　彼はドンとステージから飛び降りた。
　Tā pūtōng de yì shēng cóng tái shang tiào xiàlai le.

21 骑=～に乗る、乗り物　　22 领=引き連れる、　　23 咕咚=音（どしん、どぶん）

两个王子

当 卢比亚 来到 村里 的 时候，村子 里
Dāng Lúbǐyà láidào cūnli de shíhou, cūnzi li
正在 演²⁴ 农村 剧。
zhèngzài yǎn nóngcūn jù.

卢比亚 看到 这 种 情景²⁵，不由得²⁶ 大吃一惊。
Lúbǐyà kàndào zhè zhǒng qíngjǐng, bùyóude dàchī-yìjīng.

戴在 一 个 少年 头 上 的 金冠 正 闪闪
Dàizài yí ge shàonián tóu shang de jīnguān zhèng shǎnshǎn
发光。村里 的 人 异口同声 地 喝彩²⁷ 叫好：
fāguāng. Cūnli de rén yìkǒu-tóngshēng de hècǎi jiàohǎo:
"王子，王子！"
"Wángzǐ, wángzǐ!"

---

24 **演**=演じる、詳しく述べる　　25 **情景**=情景、有様、様子
26 **不由得**=思わず、つい　　27 **喝彩**=喝采する

一瞬间，卢比亚 也 觉得 那个 少年 才 是
Yíshùnjiān, Lúbǐyà yě juéde nàge shàonián cái shì
"真正²⁸ 的 王子"。可 他 马上 又 改变了²⁹
"zhēnzhèng de wángzǐ". Kě tā mǎshàng yòu gǎibiànle
想法³⁰，发出了 命令："要 把 冒牌货 王子 抓
xiǎngfǎ, fāchūle mìnglìng: "Yào bǎ màopáihuò wángzǐ zhuā
起来！"
qǐlai!"

广场 陷入了³¹ 一片³² 混乱。有的 逃跑³³ 也
Guǎngchǎng xiànrùle yípiàn hùnluàn. Yǒude táopǎo yě
有的 躲了³⁴ 起来。
yǒude duǒle qilai.

斯巴鲁那 终于³⁵
Sībālǔnà zhōngyú
被 士兵 绑了³⁶ 起来。
bèi shìbīng bǎngle qilai.

ポイント

❸ 斯巴鲁那终于<u>被</u>士兵绑了起来。：スバルナは、兵士の手でとうとう縛られてしまいました。

"<u>被</u>" は「～によって～される」という受身を表します。また、動詞には、結果を表す何らかの成分をつけないといけません。

⑥ 我的自行车<u>被</u>骑走了。　　　　　　　私の自転車は乗って行かれた。
　　Wǒ de zìxíngchē bèi qízǒu le.

⇒否定の副詞は "被" の前に置きます。

⑦ 我没<u>被</u>别人骂过。　　　　　　　　　私は他人に叱られたことがない。
　　Wǒ méi bèi biérén màguo.

28 **真正**＝正真正銘の、本物の　　29 **改变**＝変わる、変える
30 **想法**＝方法、考え方　　31 **陷入**＝落ちる、陥る　　32 **一片**＝一面、見渡す限り
33 **逃跑**＝逃げる、逃亡する　　34 **躲**＝身をかわす、隠れる　　35 **终于**＝ついに
36 **绑**＝縛る、くくる

两个王子

9 闪闪 发光 的 小 金冠
輝く小さな冠

卢比亚 骑 在 大象 上 看着 下面 被 捆住[1] 的 斯巴鲁那 问道[2]："你 是 什么 人？"

斯巴鲁那 微笑着 回答 说："我 是 村里 的 一 员，只 不过 在 戏[3] 中 扮演 伟大 的 王子 罢 了[4]。"

卢比亚 气 得 把 眼梢 吊了 起来 说："住嘴，你 这个 冒牌货！ 这个 国家 的 王子 只是 我 一 个 人！"

---

1 捆＝縛る、くくる、束ねる　　2 问＝問う　　3 戏＝戯れ、遊び
4 罢了＝～にすぎない、～だけだ

二人の王子さま　第9話

ポイント

❶ 卢比亚气得把眼梢吊了起来说：ルーピヤは、腹が立ち、目を吊り上げて言いました。

"把"（〜を）は、目的語を動詞の前に置き、行為や処置を加える意味を表します。

① 我已经把这个好消息告诉他们了。
　Wǒ yǐjīng bǎ zhège hǎoxiāoxi gàosu tāmen le.
　　　　　　私はすでに、このよい知らせを彼らに伝えた。

② 我要把这本中国小说翻译成日语。
　Wǒ yào bǎ zhè běn Zhōngguó xiǎoshuō fānyì chéng Rìyǔ.
　　　　　　私はこの中国の小説を日本語に翻訳したい。

这 时候, 有 一 个 村里 的 人 从 隐蔽[5]
Zhè shíhou, yǒu yī ge cūnli de rén cóng yǐnbì
的 地方 高呼: "斯巴鲁那 王子, 万岁!"
de dìfang gāohū: "Sībālǔnà wángzǐ, wànsuì!"
其他 村里 的 人 也 随着 喊: "斯巴鲁那
Qítā cūnli de rén yě suízhe hǎn: "Sībālǔnà
王子, 万岁!"
wángzǐ, wànsuì!"
在 村里 的 人 喊着 口号[6] 的 同时, 五
Zài cūnli de rén hǎnzhe kǒuhào de tóngshí, wǔ
个 人、十 个 人、一百 个 人 纷纷 返回到
ge rén, shí ge rén, yībǎi ge rén fēnfēn fǎnhuídào
广场 来 了。
guǎngchǎng lái le.

5 隐蔽＝隠れる、隠ぺいする　　6 口号＝スローガン

👑 两个王子

ポイント

② 五个人、十个人、一百个人纷纷返回到广场来了。：五人、十人、百人と次から次へと広場に戻ってきました。

方向補語が目的語を伴うときには、場所をあらわす目的語は、"来"や"去"のあとにおけません。

③ 她跑进教室来。　　　　　　　　彼女が教室に駆け込んできた。
　　Tā pǎojìn jiàoshì lái.

⇒場所をあらわさない目的語は、"来"や"去"の後にもおけます。

④ 王老师拿出一本词典来。　　　　王先生は一冊の辞典を取り出した。
　　Wáng lǎoshī náchū yì běn cídiǎn lái.

④' 王老师拿出来一本词典。
　　Wáng lǎoshī náchūlái yì běn cídiǎn.

卢比亚　害怕[7]　起来，不住
Lúbǐyà　hàipà　qǐlai,　búzhù
地　发抖[8]。在　士兵　之中，也
de　fādǒu.　Zài　shìbīng　zhīzhōng,　yě
有　人　想　逃跑。
yǒu　rén　xiǎng　táopǎo.

7 **害怕**＝怖がる、恐れる　　8 **发抖**＝震える

村里 的 人 乘机⁹ 解开了¹⁰ 斯巴鲁那 的
Cūnli de rén chéngjī jiěkāile Sībālǔnà de
绑绳。
bǎngshéng.

大家 手 拉着 手，包围了¹¹ 卢比亚 乘坐
Dàjiā shǒu lāzhe shǒu, bāowéile Lúbǐyà chéngzuò
的 大象。
de dàxiàng.

咕咚！朴通！
Gūdōng! Pūtōng!

惊恐 的 大象 突然 踏步 不 前。
Jīngkǒng de dàxiàng tūrán tàbù bù qián.

"哇！"
"Wā!"

"危险！"
"Wēixiǎn!"

卢比亚 滚落¹² 在 地上。
Lúbǐyà gǔnluò zài dìshang.

"趁¹³ 现在 上去¹⁴！"
"Chèn xiànzài shàngqù!"

村里 的 人 像 浪潮¹⁵ 一样 地 涌¹⁶ 向
Cūnli de rén xiàng làngcháo yīyàng de yǒng xiàng
卢比亚 的 身边。
Lúbǐyà de shēnbiān.

9 **乘机**＝機に乗じる　10 **解开**＝解く、ほどく　11 **包围**＝取り囲む
12 **滚落**＝転がり落ちる　13 **趁**＝～を利用して、～のうちに
14 **上去**＝動作が話し手から離れ、人や物がある目標に向かうことを表す
15 **浪潮**＝波、嵐　16 **涌**＝湧く、盛んに出る、現れる

两个王子

"乡亲们[17],稍 等 一下!"
"Xiāngqīnmen, shāo děng yíxià!"

忽然[18] 响起了 尖锐[19] 的 叫声。村里人 回头
Hūrán xiǎngqǐle jiānruì de jiàoshēng. Cūnlirén huítóu

一 看,原来[20] 是 已 被 解开 绳索 的 斯巴鲁那。
yí kàn, yuánlái shì yǐ bèi jiěkāi shéngsuǒ de Sībālǔnà.

斯巴鲁那 跑到 王子 身边,赶紧[21] 把 他
Sībālǔnà pǎodào wángzǐ shēnbiān, gǎnjǐn bǎ tā

扶了 起来。
fúle qǐlai.

这 时候,斯巴鲁那 戴 的 小 金冠 向 四周
Zhè shíhou, Sībālǔnà dài de xiǎo jīnguàn xiàng sìzhōu

发出了 闪烁 的 金光,辉煌[22] 灿烂。
fāchūle shǎnshuò de jīnguāng, huīhuáng cànlàn.

由于 金冠 太 亮了,卢比亚 闭上了 眼睛[23]。
Yóuyú jīnguàn tài liàngle, Lúbǐyà bìshangle yǎnjīng.

无论 村里人 还是 士兵们 也 都 大吃了一惊[24],
Wúlùn cūnlirén háishi shìbīngmen yě dōu dàchīle-yìjīng,

---

17 **乡亲**=同郷の、農村の人に対する呼びかけの言葉　　18 **忽然**=思いがけなく、突然
19 **尖锐**=鋭い、激しい、厳しい、甲高い　　20 **原来**=以前は、元は、なんと、なんだ
21 **赶紧**=大急ぎで、さっそく　　22 **辉煌**=きらきらと光り輝く　　23 **眼睛**=目
24 **吃惊**=驚く

不由得 揉起了 眼睛。
bùyóude róuqǐle yǎnjīng.

斯巴鲁那 自己[25] 也 感到 吃惊。因为 他
Sībālǔnà zìjǐ yě gǎndào chījīng. Yīnwèi tā
一向 听 人 说：卢比亚 王子 的 金冠 比
yīxiàng tīng rén shuō: Lúbǐyà wángzi de jīnguàn bǐ
自己 的 更[26] 美丽。
zìjǐ de gèng měilì.

ポイント

❸ 因为他一向听人说：卢比亚王子的金冠**比**自己的更美丽。：ルーピヤ王子の金の冠のほうが、もっともっと美しいと、聞いていたのですから。

"**比**" は、比較を表します。

⑤ 妹妹**比**我高。   妹は私より背が高い。
　　Mèimei bǐ wǒ gāo.

⑥ 妹妹**比**我小四岁。   妹は私より4つ年下です。
　　Mèimei bǐ wǒ xiǎo sì suì.

⇒否定形を作りましょう。

⑦ 我**没有**妹妹高。   私は妹より背が低い。
　　Wǒ méiyou mèimei gāo.

⇒程度を表す "很" や "非常" などは使えませんので注意しましょう。

25 自己＝自分　　26 更＝さらに、ますます、再び

两个王子

⑧ 妹妹**比**我更高。 妹は私よりもっと背が高い。
　　Mèimei bǐ wǒ gèng gāo.

⑨ 妹妹**比**我还高。 妹は私よりもっと背が高い。
　　Mèimei bǐ wǒ hái gāo.

⑩ 妹妹**比**我高一点儿。 妹は私よりちょっと背が高い。
　　Mèimei bǐ wǒ gāo yìdiǎnr.

⑪ 妹妹**比**我高一些。 妹は私より少し背が高い。
　　Mèimei bǐ wǒ gāo yìxiē.

⑫ ×妹妹比我很高。 （非文）

⑬ ×妹妹比我非常高。 （非文）

二人の王子さま　第9話

两个王子

10 卢比亚 王子 的 眼泪
ルーピヤ王子の涙

斯巴鲁那 第一 次 跟 卢比亚 王子 并排[1]
Sībālǔnà dì-yī cì gēn Lúbǐyà wángzǐ bìngpái

站[2] 在 一起。他 紧闭着 嘴[3]，凝视着[4] 卢比亚。
zhàn zài yìqǐ. Tā jǐnbìzhe zuǐ, níngshìzhe Lúbǐyà.

卢比亚 也 凝视着 斯巴鲁那，好像 有些
Lúbǐyà yě níngshìzhe Sībālǔnà, hǎoxiàng yǒuxiē

耀眼。他 向 斯巴鲁那 小声 说："你 的 小
yàoyǎn. Tā xiàng Sībālǔnà xiǎoshēng shuō: "Nǐ de xiǎo

金冠 光彩夺目[5,6] 啊。"
jīnguàn guāngcǎi-duómù a."

斯巴鲁那 默默[7] 地 点了点 头[8]。
Sībālǔnà mòmò de diǎnlediǎn tóu.

卢比亚 这次 用 更 低 的 声音 说："我 的
Lúbǐyà zhècì yòng gèng dī de shēngyīn shuō: "Wǒ de

大 金冠 一点儿 也 不 亮。"
dà jīnguàn yìdiǎnr yě bú liàng."

斯巴鲁那 又 点了点 头。
Sībālǔnà yòu diǎnlediǎn tóu.

---

1 **并排**＝同列に並ぶ　2 **站**＝立つ　3 **闭嘴**＝黙る　4 **凝视**＝凝視する
5 **光彩**＝彩り　6 **夺目**＝まばゆい　7 **默默**＝黙って　8 **点头**＝うなづく

卢比亚 接着⁹ 说："你 有 很 多 朋友 啊！"
Lúbǐyà jiēzhe shuō: "Nǐ yǒu hěn duō péngyou a!"

斯巴鲁那 点点 头。
Sībālǔnà diǎndiǎn tóu.

卢比亚 继续 说："我 总是 孤零零¹⁰ 的
Lúbǐyà jìxù shuō: "Wǒ zǒngshì gūlínglīng de

一 个 人。这 是 很 久 以前 的 大王 戴 的
yí ge rén. Zhè shì hěn jiǔ yǐqián de dàwáng dài de

金冠。我 以为 只要¹¹ 戴上 它，就 会 受到
jīnguàn. Wǒ yǐwéi zhǐyào dàishang tā jiù huì shòudào

大家 的 尊敬，然而¹²……"
dàjiā de zūnjìng, rán'ér……"

卢比亚 沉思¹³ 以后，像 发怒¹⁴ 似 地 喊了¹⁵
Lúbǐyà chénsī yǐhòu, xiàng fānù shì de hǎnle

起来："我 的 金冠 是 假¹⁶ 的！"
qilai: "Wǒ de jīnguàn shì jiǎ de!"

接着 问 斯巴鲁那："你 怎么 想？"
Jiēzhe wèn Sībālǔnà: "Nǐ zěnme xiǎng?"

---

9 接着＝続いて　10 孤零零＝ひとりぼっちで寂しい　11 只要＝～さえすれば
12 然而＝しかし　13 沉思＝深く考え込む　14 发怒＝怒り出す　15 喊＝叫ぶ
16 假＝偽りである

两个王子

ポイント

① 接着问斯巴鲁那："你怎么想?"：「君はどう思う」、とスバルナにききました。"怎么"は、「どのように」を表す疑問詞です。

① 这个字怎么念?　　　　　　　　　　　この字は、どう読むのですか？
　Zhège zì zěnme niàn?

② 去天安门怎么走?　　　　　　　　　　天安門に行くには、どう行けばよいですか？
　Qù Tiān'ānmén zěnme zǒu?

⇒ "怎么"には、「どうやって（方式）」と「なぜ（原因）」の二つの意味があります。

③ 你怎么来的?　　　　　　　　　　　　どうやって来たのですか？
　Nǐ zěnme lái de?

④ 你怎么来了?　　　　　　　　　　　　なぜ来たのですか？
　Nǐ zěnme lái le?

斯巴鲁那　沉默了[17]　一会儿　回答　说："我　也
Sībālǔnà　chénmòle　yíhuìr　huídá　shuō:　"Wǒ　yě

认为[18]　它　是　假　的。"因为　他　觉得　如果　真
rènwéi　tā　shì　jiǎ　de."　Yīnwèi　tā　juéde　rúguǒ　zhēn

是　王者　的　金冠，它　应该[19]　更加　闪闪　发光
shì　wángzhě　de　jīnguàn,　tā　yīnggāi　gèngjiā　shǎnshǎn　fāguāng

才　是。
cái　shì.

17 沉默＝黙る　　18 认为＝～と考える　　19 应该＝～べきである

ポイント

❷ 斯巴鲁那沉默了一会儿回答说："我也认为它是假的。"：スバルナは、しばらく黙っていましたが、「ぼくにせものだと思う」と答えました。

"一会儿"は、「わずかの時間」を表す名詞です。

⑤ 请您等一会儿。　　　　　　　　　　　　少々お待ちくださいませ。
   Qǐng nín děng yíhuìr.

⑥ 过了一会儿，他就来了。　　　　　　　　暫くしたら、彼が来た。
   Guòle yíhuìr, tā jiù lái le.

就　在　此时[20]，突然"哇[21]"的　一声，卢比亚
Jiù zài cǐshí, tūrán "wā" de yìshēng, Lúbǐyà

大　哭　大　哭　的　眼泪[22]　夺眶[23]　而出，放声　大
dà kū dà kū de yǎnlèi duókuàng érchū, fàngshēng dà

哭　起来　了。
kū qǐlai le.

20 此时＝このとき　　21 哇＝泣き声、わぁ　　22 眼泪＝涙　　23 眶＝まぶた

两个王子

士兵们 只是[24] 惊慌 作 一 团[25]，不知所措。
Shìbīngmen zhǐshì jīnghuāng zuò yì tuán, bùzhī-suǒcuò.

因为 他们 是 初次 看到 卢比亚 王子 落泪。
Yīnwèi tāmen shì chūcì kàndào Lúbǐyà wángzǐ luòlèi.

刚才[26] 还 吵吵 嚷嚷[27] 的 村里 人，这 时
Gāngcái hái chǎochǎo rǎngrǎng de cūnli rén, zhè shí

也 都 担心[28] 地 看护着[29] 两 位 王子。
yě dōu dānxīn de kānhùzhe liǎng wèi wángzǐ.

---

24 **只是**＝〜だけ、〜するのみである　　25 **团**＝集まり、かたまり　　26 **刚才**＝先ほど

27 **吵嚷**＝がやがや騒ぐ　　28 **担心**＝心配する　　29 **看护**＝看護する、介抱する

二人の王子さま　第10話

两个王子

11 我们 做 朋友 吧！
友達になろう

卢比亚 突然 抬起¹ 头 来² 说："这么 说
Lúbǐyà tūrán táiqǐ tóu lái shuō: "Zhème shuō

……。""我 的 金冠 上 是 写着'上 将 变为
……" "Wǒ de jīnguàn shàng shì xiězhe 'Shàng jiāng biànwéi

下，下 将 变为 上'这样 奇怪 的 话语 了。"
xià, xià jiāng biànwéi shàng' zhèyàng qíguài de huàyǔ le."

斯巴鲁那 听了 便 想起 住 在 树林 里
Sībālǔnà tīngle biàn xiǎngqǐ zhù zài shùlín li

那 位 聪明 的 老爷爷 说 的 话 来 了！
nà wèi cōngming de lǎoyéye shuō de huà lái le!

ポイント

❶ **卢比亚突然抬起头来说**：ルーピヤが、急に顔をあげました。
"**突然**"は、形容詞ですから、副詞"很"などの修飾を受けることができます。

(1) 他来得很**突然**。   彼が突然やって来た。（来るのが突然だ）
　　Tā lái de hěn tūrán.

(2) 他**突然**来了。   彼は突然やって来た。
　　Tā tūrán lái le.

⇒ "突然"と同じ意味を表す"忽然"は副詞ですから、使い方に注意しましょう。

(3) ×他来得很忽然。   （非文）

---

1 抬＝上げる　2 起来＝動作が上へ向かうこと

二人の王子さま　第11話

卢比亚 叫了 起来："现在 我 懂 了！'上
Lúbǐyà jiàole qǐlái: "Xiànzài wǒ dǒng le! 'Shàng

将 变为 下' 这 句 话 说 的 是，尽管
jiāng biànwéi xià' zhè jù huà shuō de shì, jǐnguǎn

摆架子³ 逞⁴ 威风⁵ 但 却 落得⁶ 我 这个 孤家
bǎijiàzi chěng wēifēng dàn què luòde wǒ zhège gūjiā-

寡人⁷ 了。'下 将 变为 上' 说 的 就是
guǎrén le. 'Xià jiāng biànwéi shàng' shuō de jiùshì

斯巴鲁那 你 啊！"
Sībālǔnà nǐ a!"

说到 这儿，卢比亚 的 金冠 闪了 一 闪。
Shuōdào zhèr, Lúbǐyà de jīnguàn shǎnle yī shǎn.

---

3 摆架子＝威張る　　4 逞＝見せびらかす　　5 威风＝威勢

6 落得＝〜という結果になる　　7 孤家寡人＝孤立して大衆から浮き上がるたとえ

两个王子

斯巴鲁那恍然大悟[8]地说："莫非说，这也许是跟我那顶一样的'人的王者'的金冠吧。"

一个小女孩儿[9]听了斯巴鲁那的话觉得有些诧异[10]地说："斯巴鲁那，你刚才还说是假的，这回倒是说是真的了。如此[11]看来，你是个说谎[12]的人呐！"

8 **恍然大悟**＝はっと悟る　　9 **女孩儿**＝女の子　　10 **诧异**＝不思議に思う、怪しむ
11 **如此**＝このように　　12 **谎**＝うそ

二人の王子さま　第11話

这　时候　后边　一　个　慈祥[13]　的　声音　说话
Zhè　shíhou　hòubian　yí　ge　cíxiáng　de　shēngyīn　shuōhuà
了："不，斯巴鲁那　绝对　不　是　说谎　的　人。"
le:　"Bù,　Sībālǔnà　juéduì　bú　shì　shuōhuǎng　de　rén."
原来　是　送　给　斯巴鲁那　那　顶　金冠　的
Yuánlái　shì　sòng　gěi　Sībālǔnà　nà　dǐng　jīnguàn　de
树林　里　的　那个　老爷爷。老爷爷　笑嘻嘻[14]　地
shùlín　li　de　nàge　lǎoyéye.　Lǎoyéye　xiàoxīxī　de
说："两　个　都　是　真　的。"
shuō:　"Liǎng　ge　dōu　shì　zhēn　de."
卢比亚　擦掉[15][16]　眼泪，站起来　对　斯巴鲁那
Lúbǐyà　cādiào　yǎnlèi,　zhànqǐlai　duì　Sībālǔnà
说："我　懂　了。为　大家　努力　工作　的　你　才
shuō:　"Wǒ　dǒng　le.　Wèi　dàjiā　nǔlì　gōngzuò　de　nǐ　cái
是　真正　的　王子。那　让　我　来　做　个　辅佐[17]
shì　zhēnzhèng　de　wángzǐ.　Nà　ràng　wǒ　lái　zuò　ge　fǔzuǒ
你　的　仆从[18]　吧。"
nǐ　de　púcóng　ba."

13 **慈祥**＝慈悲深くて優しい　　14 **笑嘻嘻**＝にこにこしているさま　　15 **擦**＝こする
16 **掉**＝落ちる　　17 **辅佐**＝補佐する　　18 **仆从**＝従僕、けらい

两个王子

斯巴鲁那为他突然说出的话而感到吃惊。这时卢比亚的金冠再次发出了美丽的闪光[19]。

斯巴鲁那看到那闪闪的光亮,断然[20]决然[21]地说:"不,你一定能够[22]成为一位出色的王子。让我来辅佐你吧。"

卢比亚稍稍想了想,然后伸出手来说:"那么,希望你作我的朋友,而不是作仆从,行吗?"

---

19 闪光=きらめく　　20 断然=断固たる、きっぱりと　　21 决然=きっぱりと
22 能=…できる

二人の王子さま 第11話

ポイント

② 卢比亚稍稍**想了想**：ルーピヤは、少し考えてから。

"**想了想**"は、動詞の重ね型。「ちょっと〜する」を表します。

④ 我们**研究研究**这个问题吧。
Wǒmen yánjiū yánjiū zhège wèntí ba.
私たちこの問題について、ちょっと検討しましょう。

⑤ 他**看了看**手表，就走了。 彼は、ちょっと腕時計を見て、行ってしまった。
Tā kànle kàn shǒubiǎo, jiù zǒu le.

⇒ "一" や "了" を動詞と動詞の間に置き、"一" は、動詞の表す動作が一回または少しの間行われたことを表す。また、"了" は、動詞の表す動作の実現を表す。

两个王子

斯巴鲁那 也 稍微 想了想 说:"嗯，明白 了。",
Sībālǔnà yě shāowēi xiǎnglexiǎng shuō: "Ng, míngbai le.",
说 后 就 握住了[23] 卢比亚 的 手。
shuō hòu jiù wòzhùle Lúbǐyà de shǒu.

村里 的 人们 非常 高兴。士兵们 也 热烈
Cūnli de rénmen fēicháng gāoxìng. Shìbīngmen yě rèliè
地 鼓掌。
de gǔzhǎng.

这样，斯巴鲁那 就 决定 和 卢比亚 一起
Zhèyàng, Sībālǔnà jiù juédìng hé Lúbǐyà yìqǐ
到 城堡 里 去 了。
dào chéngbǎo li qù le.

---

23 握=つかむ、にぎる

二人の王子さま　第11話

12 为了大家的幸福
みんなの幸福のために

进了 城堡 后 的 斯巴鲁那 成了 卢比亚 王子 的 真正 的 朋友。成了 王子 无 事 不 与 他 一起 商量 的 好 参谋。

斯巴鲁那 反复[1] 给 卢比亚 讲了 树林 里 老爷爷 的 教导[2]:"为了 大家 的 幸福 而 拼命[3] 工作 的 人 才 是 真正 的 王者。"

卢比亚 就 按照[4] 这个 教导,拼命 地 工作 起来 了。

---

1 反复=繰り返す　2 教导=教え　3 拼命=命がけでやる
4 按照=～によって

二人の王子さま 第12話

ポイント

❶ "**为了**大家的幸福而拼命工作的人才是真正的王者。":「みんなの幸福のために、一生懸命働く人が、本当の王者なんだよ。」

"**为了**" は「～のために」と目的を表す介詞です。

① 我们**为了**世界和平而奋斗。　　私たちは、世界平和のために奮闘する。
　　Wǒmen wèile shìjiè hépíng ér fèndòu.

② **为了**举办汉语演讲比赛，张老师每天都忙得不可开交。
　　Wèile jǔbàn Hànyǔ yǎnjiǎng bǐsài, Zhāng lǎoshī měitiān dōu máng de bùkě-kāijiāo.
　　　　　中国語弁論大会を開催するために、張先生は毎日、てんてこまいだ。

在 人们 之间，越来越 多 的 人 露出 开朗
Zài rénmen zhījiān, yuèláiyuè duō de rén lùchū kāilǎng

的 笑脸[5]。这样 一来，卢比亚 的 金冠 也 逐渐[6]
de xiàoliǎn. Zhèyàng yìlái, Lúbǐyà de jīnguān yě zhújiàn

重新 发出了 像 金 孔雀 开 屏[7] 般 的 美丽
chóngxīn fāchūle xiàng jīn kǒngquè kāi píng bān de měilì

的 光芒。
de guāngmáng.

5 笑脸＝笑顔　　6 逐渐＝次第に　　7 孔雀开屏＝孔雀が羽を扇状に広げる

两个王子

对卢比亚来说，为大家做好事已逐渐成为一种愉快而高兴的事情了。

在他的背后[8]，斯巴鲁那更加拼命地进行着[9]工作。每当[10]卢比亚的金冠发出光亮时，斯巴鲁那也高兴得像自己的事情一样。

从那以后又过去了漫长[11]的岁月[12]。卢比亚作为"大王"受到了人们的尊敬。卢比亚和斯巴鲁那把国家治理[13]得非常出色[14]，所以奖朴国变得繁荣昌盛[15]起来。太阳也送来了灿烂[16]的施[17]惠[18]于大地的阳光。

然而，有一件事让大王和斯巴鲁那

---

8 背后＝後ろ　　9 进行＝進める　　10 每当＝～するたびに
11 漫长＝とても長い　　12 岁月＝歳月　　13 治理＝統治する
14 出色＝すばらしい　　15 昌盛＝大いに栄えること　　16 灿烂＝輝く
17 施＝与える、施す　　18 惠＝恵み

二人の王子さま 第12話

忧心忡忡[19][20]，难以[21] 忘怀[22]。
yōuxīn-chōngchōng.　nányǐ　wànghuái.

森林 的 深处 有 一 片 很 深 的 沼泽地[23]，
Sēnlín de shēnchù yǒu yí piàn hěn shēn de zhǎozédì.

叫 "龙[24] 之 沼"。那里 栖息着[25] 可怕 的 龙，人们
jiào "Lóng zhī zhǎo". Nàli qīxīzhe kěpà de lóng, rénmen

都 很 害怕。
dōu hěn hàipà.

---

19 **忧心**＝心配　　20 **忡忡**＝非常に憂えるさま
21 **难以**＝〜し難い　　22 **忘怀**＝忘れ去る
23 **沼泽地**＝沼地　　24 **龙**＝竜　　25 **栖息**＝生息する

两个王子

城堡 里 大家 都 在 议论[26]："有 没有 能
Chéngbǎo li dàjiā dōu zài yìlùn: "Yǒu méiyou néng
制服 它 的 人？" 可是 始终 没有 人 出来
zhìfú tā de rén?" Kěshì shǐzhōng méiyou rén chūlái
应声[27]。
yìngshēng.

那 时候，斯巴鲁那 说："让 我 去 吧！"
Nà shíhou, Sībālǔnà shuō: "Ràng wǒ qù ba!"
他 头发 都 白了，身体 也 相当 虚弱。可是，
Tā tóufa dōu báile, shēntǐ yě xiāngdāng xūruò. kěshì,
他 的 金冠 却 像 早晨 的 太阳 一样 散发着
tā de jīnguàn què xiàng zǎochén de tàiyáng yíyàng sànfāzhe
灿烂 的 光辉。
cànlàn de guānghuī.

ポイント

❷ **他头发都白了**：彼はもう、髪の毛が白くなりました。
"**都**" は「すでに」を表す副詞です。

③ **他都**三十岁了。　　　　　　　　　　　彼はもう 30 歳だ。
　　Tā dōu sānshí suì le.

④ **汤都**凉了。　　　　　　　　　　　　　スープがもう冷めた。
　　Tāng dōu liáng le.
⇒ "已经" も「すでに」を表します。ニュアンスの違いを考えよう。

⑤ **他已经**三十岁了。　　　　　　　　　　彼はもう 30 歳だ。
　　Tā yǐjīng sānshí suì le.
⇒ "已经" は客観的な、"都" は主観的なニュアンスがあります。

---

26 议论＝議論する　　27 应声＝返事する、声に反応する

二人の王子さま　第12話

大王 和 大臣 都 生怕[28] 发生 意外，便
Dàwáng hé dàchén dōu shēngpà fāshēng yìwài, biàn
制止 他 前去。但是 斯巴鲁那 没有 改变[29] 他
zhìzhǐ tā qiánqù. Dànshì Sībālǔnà méiyou gǎibiàn tā
的 决心。
de juéxīn.

"如果 我 出了 什么 意外 的 事，希望 大家
"Rúguǒ wǒ chūle shénme yìwài de shì, xīwàng dàjiā
一起 保卫[30] 大王。我 只是 想 为 大家 做 一点 事。"
yìqǐ bǎowèi dàwáng. Wǒ zhǐshi xiǎng wèi dàjiā zuò yìdiǎn shì."
他 斩钉截铁[31] 地 说了 这 句 话 后 便
Tā zhǎndīng-jiétiě de shuōle zhè jù huà hòu biàn
独自 一人 从 城堡 出发 了。
dúzì yìrén cóng chéngbǎo chūfā le.

28 **生怕**=ひどく恐れる　　29 **改变**=変わる、変える　　30 **保卫**=守る
31 **斩钉截铁**=決断力があり、てきぱきしていること

两个王子

13 消失在湖里的斯巴鲁那
湖に消えたスバルナ

卢比亚 大王 每天 都 真诚 地 祝愿 斯巴鲁那
Lúbǐyà dàwáng měitiān dōu zhēnchéng de zhùyuàn Sībālǔnà
平平安安 地 回来。国民 也 希望 勇敢 又
píngpíng-ānān de huílai. Guómín yě xīwàng yǒnggǎn yòu
富有 智慧[1] 的 斯巴鲁那 太平无事[2]。
fùyǒu zhìhuì de Sībālǔnà tàipíng-wúshì.

过 不久，人们 纷纷 传说[3]："龙 不再 出现
Guò bùjiǔ, rénmen fēnfēn chuánshuō: "Lóng búzài chūxiàn
了。"可是，只身[4] 去 "龙 之 沼" 的 斯巴鲁那
le." Kěshì, zhīshēn qù "Lóng zhī zhǎo" de Sībālǔnà
却 再 也 没有 回来。
què zài yě méiyou huílai.

---

1 **智慧**=知恵　2 **太平**=平安、平和　3 **传说**=言い伝えられている、うわさする
4 **只身**=ひとりで

二人の王子さま 第13話

ポイント

❶ "龙不再出现了。"：「竜が出てこなくなった。」
"再"は多くは未然の状況に用いられる副詞です。

① 再过几天，我们就分手了。　　数日したら、私たちはお別れになります。
　Zài guò jǐ tiān, wǒmen jiù fēnshǒu le.

② 今天人比较多，我明天再来。　今日は人が多いから、明日また来ます。
　Jīntiān rén bǐjiào duō, wǒ míngtiān zài lái.

⇒否定の副詞"不"と用いられるときは、"再不"と"不再"が可能です。

③ 我明天不再来了，下星期再来。
　Wǒ míngtiān búzài láile, xiàxīngqī zài lái.
　　　　　　　　　　（→来週来ます）明日はもう来ないで、来週来ます。

④ 我明天再不来了。　　　　　　（→永遠に来ない）明日はもう来ません。
　Wǒ míngtiān zài bù lái le.

大家　都　放心　不　下⁵，终于⁶　他们　到　"龙
Dàjiā dōu fàngxīn bú xià, zhōngyú tāmen dào "Lóng

之　沼"　去　察看　去　了。
zhī zhǎo" qù chákàn qù le.

5 不下＝～しておけない　　6 终于＝とうとう

两个王子

那么，结果 又 怎样 呢? 哪儿 也 没有 龙。
Nàme, jiéguǒ yòu zěnyàng ne? Nǎr yě méiyou lóng.

沼 水 蓝蓝[7] 的，清澈[8] 见 底。周围 盛开着
Zhǎo shuǐ lánlán de, qīngchè jiàn dǐ. Zhōuwéi shèngkāizhe

五颜六色[9] 的 花朵，蝴蝶 和 小鸟儿 高兴 地
wǔyán-liùsè de huāduǒ, húdié hé xiǎoniǎor gāoxìng de

飞舞着。
fēiwǔzhe.

完全[10] 是 个 和平，
Wánquán shì ge hépíng,

安详 的 湖。
ānxiáng de hú.

但是，斯巴鲁那 究竟[11] 在 哪里? 人们 一点儿
Dànshì, Sībālǔnà jiūjìng zài nǎli? Rénmen yìdiǎnr

也 不知道。
yě bùzhīdao.

不久，人们 给 这个 沼泽 起了 个 名字 叫
Bùjiǔ, rénmen gěi zhège zhǎozé qǐle ge míngzi jiào

"斯巴鲁那 湖"，这里 成了 谁 都 可以 采 花[12]、
"Sībālǔnà Hú", zhèli chéngle shéi dōu kěyǐ cǎi huā,

钓鱼[13] 的 民众[14] 的 乐园[15]。
diàoyú de mínzhòng de lèyuán.

---

7 蓝=藍色　　8 清澈=透き通っている　　9 五颜六色=色とりどり
10 完全=すっかり　　11 究竟=結局　　12 采花=花を摘む　　13 钓鱼=魚を釣る
14 民众=民衆、大衆　　15 乐园=楽園

二人の王子さま 第13話

ポイント

❷ 人们<u>一点儿也不</u>知道：みな何もわかりませんでした。
"<u>一点儿也不</u>……" は、「少しも〜でない」を表します。

⑤ 刘老师是个博士，但是他<u>一点儿也不</u>骄傲。
　　Liú lǎoshī shì ge bóshì, dànshì tā yìdiǎnr yě bù jiāo'ào.
　　　　　　劉先生は博士ですが、少しも偉ぶったところがありません。

⑥ 她<u>一点儿也不</u>学习，怎么能当翻译呢？
　　Tā yìdiǎnr yě bù xuéxí, zěnme néng dāng fānyì ne?
　　　　　　彼女は、少しも勉強しないのに、どうして通訳になれますか。

　　一天， 一 个 渔夫 在 湖里 打鱼 的 时候，
　　Yì tiān, yí ge yúfū zài húli dǎyú de shíhou,

一 顶 小 王冠 落进了 网¹⁶ 里。仔细¹⁷ 一 瞧¹⁸，
yì dǐng xiǎo wángguàn luòjìnle wǎng li. Zǐxì yì qiáo,

上面 扎着¹⁹ 一 颗 龙 牙。
shàngmian zhāzhe yì kē lóng yá.

　　渔夫 把 这 顶 王冠 马上 送到了 城 里。
　　Yúfū bǎ zhè dǐng wángguan mǎshàng sòngdàole chéng li.

16 **网**＝網　　17 **仔细**＝注意深い　　18 **瞧**＝見る　　19 **扎**＝突き刺す

两个王子

这 肯定[20] 是 斯巴鲁那 的 王冠。
Zhè kěndìng shì Sībālǔnà de wángguàn.

城堡 里 的 人们 都 非常 悲痛[21]，认为，
Chéngbǎo li de rénmen dōu fēicháng bēitòng, rènwéi,

"斯巴鲁那 是 在 与 龙 的 搏斗 中 死去 的。"
"Sībālǔnà shì zài yǔ lóng de bódòu zhōng sǐqù de."

卢比亚 大王 要 比 别人 悲痛 几 十 倍、
Lúbǐyà dàwáng yào bǐ biéren bēitòng jǐ shí bèi、

几 百 倍。
jǐ bǎi bèi.

20 **肯定**=肯定する、確かだ、きっと　　21 **悲痛**=心が痛むほど悲しい

大王 带着 斯巴鲁那 的 小 冠 和 自己 的
Dàwáng dàizhe Sībālǔnà de xiǎo guàn hé zìjǐ de

大 冠 到 "斯巴鲁那 湖" 畔[22] 去 了。大臣、
dà guàn dào "Sībālǔnà Hú" pàn qù le. Dàchén,

国民 也 都 非常 担心 地 聚集[23] 到 湖畔。
guómín yě dōu fēicháng dānxīn de jùjí dào húpàn.

22 畔＝岸、そば　　23 聚集＝集中する、集まる

两个王子

大王 捧着 两 顶 王冠 跪[24] 在 地上 说:
"斯巴鲁那……, 你 常常 告诉 我, 不论[25] 遇到 什么 情况, 只有 为 人们 祈求 幸福 与 和平, 为 人们 尽力 工作 的'人 的 王者'才 是 真正 的 王者。……你 就是 至高无上[26] 的'人 的 王者'。这 两 顶 王冠 都 是 属于[27] 你 的!"

卢比亚 大王 这样 呼喊着[28], 就 把 这 两 顶 王冠 扔进了 湖 里。

大家 吃惊 地 倒 吸 一 口 凉气。

24 跪=ひざまずく 25 **不论**=たとえ〜であろうとも 26 **至高无上**=至上、最高の
27 **属于**=〜のものである 28 **呼喊**=叫ぶ

二人の王子さま　第13話

两个王子

14 要做真正的"人的王者"
本当の「人間の王者」に

卢比亚 大王 的 大王冠 慢慢 地 沉到 湖里 去 了。
Lúbǐyà dàwáng de dà wángguàn mànmàn de chéndào hú li qù le.

斯巴鲁那 的 小 王冠 也 再次[1] 静静 地 沉了 下去。
Sībālǔnà de xiǎo wángguàn yě zàicì jìngjìng de chénle xiàqù.

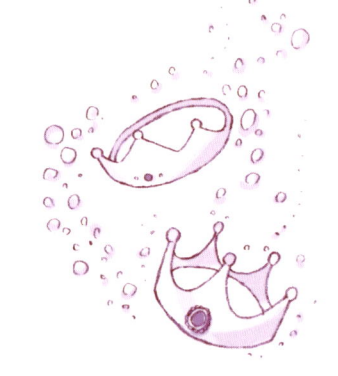

而后[2],微波 像 是 恋恋不舍[3] 地 在 湖面 上 荡漾[4]。
Érhòu, wēibō xiàng shì liànliàn-bùshě de zài húmiàn shang dàngyàng.

大王 想起 斯巴鲁那 便 哭 了。他 一边 哭 一边 坚定不移[5] 地 发誓[6]:"斯巴鲁那,我 也 要 为 大家 不惜 生命 地 努力 奋斗[7]。保卫
Dàwáng xiǎngqǐ Sībālǔnà biàn kū le. Tā yībiān kū yībiān jiāndìng-bùyí de fāshì: "Sībālǔnà, wǒ yě yào wèi dàjiā bùxī shēngmìng de nǔlì fèndòu. Bǎowèi

---

1 **再次**=再度   2 **而后**=それから   3 **恋恋不舍**=名残惜しくて別れたくないさま
4 **荡漾**=波が起伏する、波打つ   5 **坚定**=かたくする、しっかりとして
6 **发誓**=誓いを立てる   7 **奋斗**=奮闘する

大家。只有 这样 才是 真正 的'人 的 王者'！"
dàjiā. Zhǐyǒu zhèyàng cái shì zhēnzhèng de 'rén de wángzhě'!"

ポイント

❶ 他一边哭一边坚定不移地发誓：彼は泣きながら、心の底から強く強く誓いました。

"一边……一边……" は「〜しながら〜する」。二つ以上の動作が同時に進行することを表します。

① 她一边看电视一边吃饭。　　　彼女はテレビを見ながら食事をする。
　Tā yìbiān kàn diànshì yìbiān chī fàn.

② 他一边听音乐一边学习。　　　彼は音楽を聞きながら勉強する。
　Tā yìbiān tīng yīnyuè yìbiān xuéxí.

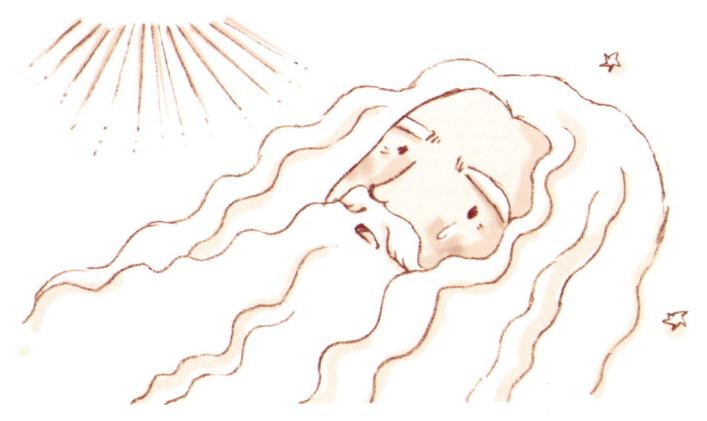

就 在 这 时候，出现了 简直[8] 使 人 难以
Jiù zài zhè shíhou, chūxiànle jiǎnzhí shǐ rén nányǐ

理解 的 事。
lǐjiě de shì.

大王 的 身体 被 金色 的 光芒 围绕着[9]，
Dàwáng de shēntǐ bèi jīnsè de guāngmáng wéiràozhe,

发出 耀眼 的 光辉。
fāchū yàoyǎn de guānghuī.

---

8 简直＝全く、そっくり　　9 围绕＝取り囲む

两个王子

ポイント

② 就在这时候，出现了简直使人难以理解的事。：そのときです。全く不思議なことが起こりました。

"使"は、使役を表します。→第3話ポイント4

③ 他得了冠军，这个好消息使同学非常高兴。
Tā déle guànjūn, zhège hǎo xiāoxi shǐ tóngxué fēicháng gāoxìng.
彼が優勝したという知らせを聞いて、クラスメートはとても喜んだ。

④ 为大家做好事能使人幸福。
Wèi dàjiā zuò hǎoshì néng shǐ rén xìngfú.
みんなのために良いことをすれば、幸せになれる。

大家 都 在 想："大王 还是 戴着 金冠 的
Dàjiā dōu zài xiǎng: "Dàwáng háishi dàizhe jīnguàn de

吧？" 人们 都 揉了揉[10] 眼睛。
ba?" Rénmen dōu róuleróu yǎnjing.

不， 那 是 比 大 金冠 和 小 金冠 都
Bù, nà shì bǐ dà jīnguàn hé xiǎo jīnguàn dōu

更加[11] 耀眼 的， 早晨 八 点钟 的 希望 的
gèngjiā yàoyǎn de, zǎochén bā diǎnzhōng de xīwàng de

太阳 的 光芒。
tàiyáng de guāngmáng.

---

10 揉=こする　　11 更加=ますます

二人の王子さま 第14話

好像 全 世界 都 变 亮 了，连[12] 大家 的
Hǎoxiàng quán shìjiè dōu biàn liàngle, lián dàjiā de
心里 也 都 亮 起来 似 的。
xīnli yě dōu liàng qǐlai shì de.

大王 听到 大家 的 惊叹[13] 声音 后，就 以
Dàwáng tīngdào dàjiā de jīngtàn shēngyīn hòu, jiù yǐ
湖面 为 镜子[14] 看了看 自己 的 身影。
húmiàn wéi jìngzi kànlekàn zìjǐ de shēnyǐng.

大王 一瞬间 露出 吃惊 的 样子。但 立刻[15]
Dàwáng yíshùnjiān lùchū chījīng de yàngzi. Dàn lìkè
又 像 是 悟出了 什么 事情，露出了 微笑。
yòu xiàng shì wùchūle shénme shìqing, lùchūle wēixiào.

大家 都 以为：大王 大概 是 由于[16] 自己
Dàjiā dōu yǐwéi: Dàwáng dàgài shì yóuyú zìjǐ
身上 发光 而 感到 高兴 的 吧。
shēnshang fāguāng ér gǎndào gāoxìng de ba.

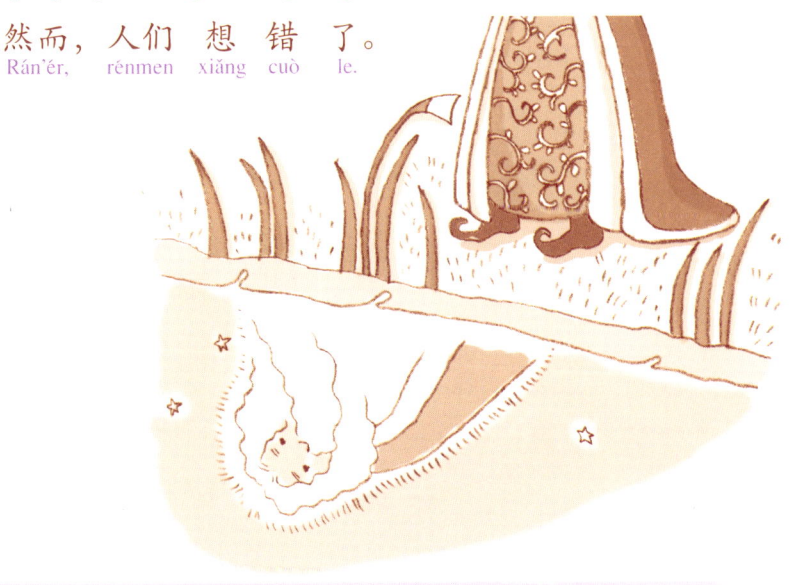

然而，人们 想 错 了。
Rán'ér, rénmen xiǎng cuò le.

---

12 连=〜さえも　　13 惊叹=驚嘆する　　14 镜子=鏡　　15 立刻=すぐに
16 由于=〜によって

两个王子

大王 在 光彩夺目 的 金光 中，看到了 和
Dàwáng zài guāngcǎi-duómù de jīnguāng zhōng, kàndàole hé

自己 并排 站 在 一起 的 令 人 怀念[17] 的
zìjǐ bìngpái zhàn zài yìqǐ de lìng rén huáiniàn de

斯巴鲁那 的 身影。
Sībālǔnà de shēnyǐng.

原来，斯巴鲁那 在 打死 恶 龙 之 后，又
Yuánlái, Sībālǔnà zài dǎsǐ è lóng zhī hòu, yòu

遍历了[18] 别的 星球 的 国家，为 那里 的 人们
biànlìle biéde xīngqiú de guójiā, wèi nàlǐ de rénmen

进行了 辛勤[19] 的 劳动[20]。
jìnxíngle xīnqín de láodòng.

---

17 **怀念**＝懐かしく思う　　18 **遍历**＝巡り歩く　　19 **辛勤**＝苦労する、懸命に励む
20 **劳动**＝働く

不多时，传来了²¹ 被 好多 孩子 簇拥着²²
的 斯巴鲁那 的 温和 而 有力 的 声音：
"其实²³，任何 人 都 是 高贵 的 王子、公主。"
卢比亚 大王 显得²⁴ 十分 满足 的 样子
不住 地 点头。随后²⁵，他 转向²⁶ 大家 深深
地 鞠了 一 躬。

伟大 的 大王 是 像 什么 崇高 的 存在
祈祷 的 那样，久久 不 想 把 头 抬²⁷ 起来。

21 传＝伝わる、伝える　22 簇拥＝取り囲む　23 其实＝実は
24 显得＝…のように見える　25 随后＝後で　26 转向＝転向する、…の方を向く
27 抬＝上げる、持ち上げる

〈二人の王子さま〉
日本語の文

两个王子

1 「ナントカ王者」の金の冠

　遠い遠い南の海のまた南に、ジャンブ国という、太陽の国がありました。
　朝がくると、いつも、黄金の大きい大きい、美しい太陽が昇りました。そして、一日がおわると、太陽は、ゆっくりと菩提樹の森に帰っていくのでした。すばらしい夕焼け空が、もえるようにまっ赤でした。
　昔——偉大な王者が、白い、そして高いお城にすんでいました。平和な緑と、美しい花に囲まれ、たくさんの小鳥がすばらしい音楽を奏でていました。
　その王者は、人々の幸福と平和を、いつもいつも、祈っていました。
　強く、正しい心が一番です。
　ジャンブ国では、長い間、子供が七つになったら、みんなでお祝いして、偉大な王者のように立派な人になるよう、願ってきたのでした。
　太陽は、何万回も空に昇り、また、沈みました。
　そして、何百年かがすぎたところから、このお話は始まります。

　ある年の春、ジャンブ国のお城のルーピヤ王子が、七つになりました。小鳥たちがお祝いの歌を歌い、王子は金のいすに座りました。
　そのとき、ひげの大臣が、厳かに一つの冠を捧げました。
　それは、輝く金の冠でした。孔雀の羽のように、ぱっと金の光の筋が広がりました。
　「なんて、きれいな冠だろう」
　王子は、目をぱちぱちさせました。
　ひげの大臣が言いました。

「王子さま、これは『ナントカの王者』という、大昔のえらい大王がかぶっておられた、冠だということです」
　ルーピヤ王子はびっくりして、
「えっ、なんていう大王なの？」
とききました。
　メガネの大臣がいいました。
「王子さま、『ナントカの王者』という大王です。どの本をよんでも、本当の名前がわからないのです」
　王子は何か考えていましたが、急に、にやっと笑っていいました。
「まあ、『ナントカの王者』でも『カントカの王者』でもいいや。どっちにしても、この冠をかぶれば、僕も大王とおんなじだね」
　ひげの大臣とメガネの大臣は、ちょっと困った顔になりました。

2　わがまま王子ルーピヤ

「あっ、なにか書いてあるよ！」
　ルーピヤ王子が、突然叫びました。
　金の冠には、見たこともない文字が刻まれていました。
　ひげの大臣と、メガネの大臣がいいました。
「言い伝えでは、『上は下になり、下は上になるだろう』と書いてございます」
「なあんだ、変なの！」
　王子は大笑いすると、それきり忘れてしまいました。そして、金の冠をかぶると、いいました。
「これで、立派な王者に見えるかな」

两个王子

　すぐに、ご機嫌とりの者たちがほめました。
「おお、本当に、立派な王者になられました！」

　王子は、だんだん、わがままになりました。
「みんな、ぼくのいうことをきかないと、ひどいめにあわせるよ」
　ご機嫌とりは口ぐちに、
「王子さま、万歳、万歳！」
とほめました。
　王子は、ますます、得意になりました。
　あるときは、コックさんに、こんな命令をだしました。
「もう、人参とピーマンは食べないよ。王者の食べ物じゃないからね。かわりに、苺のケーキをふやしておくれ」
　コックさんは困って、ねこんでしまいました。

　またある時は、お城のお花畑を見て、こんな命令をだしました。
「雑草ばかりじゃないか。王者の僕が見る花じゃないよ。いますぐ、切っちゃえ」
　花を楽しみにしていた人々は、なきました。
　でも、いうことをきかないと、こわい兵士が脅かしにやってくるのでした。
　みんな、いやいや、従いました。
　王子の周りは、だんだん、ご機嫌とりと、こわい兵士ばかりになりました。
　ルーピヤ王子は、お城から町を見下ろして、いいました。
「えへん、僕は王者だぞ」

ひげの大臣とメガネの大臣は、大きなため息をつきました。

3　スバルナと「知恵の人」

　そのころ、ジャンブ国のある村に、一人の貧しい男の子がおりました。名前をスバルナといいました。
　スバルナは、ルーピヤ王子と同じ七歳でした。ちょっと気が弱くて、人前で話すのが苦手でした。それに、木登りがへただったので、よく虐められていました。
　ところが、どういうわけか、秋の村芝居で、スバルナが主役をやることになったのです。それは「王子さま」の役でした。
　「僕に、できるかなあ……」
　スバルナは、心配でなりません。そこで、村はずれの森にすむ、賢いおじいさんの所へ、相談にいきました。

　おじいさんは、村人から「知恵の人」とよばれ、尊敬されていました。一緒にいるだけで、みんなは安心し、元気になってしまうのでした。
　おじいさんは、大きな大きな菩提樹の木の洞穴に、リスや小鳥たちとくらしていました。長い長いひげをはやしていて、子牛のような優しい目が笑っていました。
　スバルナは、一目でおじいさんがすきになりました。そして、
　「ちゃんと王子さまの役ができるか、心配なんです」
　と、正直に話しました。

两个王子

　すると、おじいさんはにっこり笑って、洞穴の奥から、美しいビロードの包みを、大事そうにもってきました。
　おじいさんが包みを開くと、スバルナは、眩しくて目をつぶりました。
　まるで、金の孔雀が羽を広げたようでした。
　それは、小さな金の冠でした。

「これをかぶってごらん」
　おじいさんがいいました。
「大昔に『人間の王者』という大王がもっていたものだよ」
「えっ、なんていう王者なの……？」
「『人間の王者』だよ。その人が、この冠を、午前八時の太陽のように、輝かすことができるのだ」
　ふしぎな言葉です。
　おじいさんは、最後に、ぽつりといいました。
「スバルナよ、本当は、お前も、気高い王者なんだよ」
　スバルナには、深い意味はわかりませんでした。ただ、「王者」という言葉が、頭の中をぐるぐると回っていました。

4　お城の王子のまねをしたのに

　スバルナは家に帰って、早速、冠をかぶってみました。「えへん、僕は王者だぞ」
　急に、偉くなったみたいでした。そして、お城のルーピヤ王子のまねをしてみたくなりました。
　そこで、スバルナは、村の広場にいきました。

二人の王子さま

　いじめっ子のチッタたちが、高い高いヤシの木に登って、遊んでいました。

　スバルナは、ちょっとこわい顔をして、木の下に立ちました。太陽の光をあびて、冠が、きらきらと輝いていました。
　その時、木の上でチッタがいいました。
「弱虫のスバルナじゃないか。今日も、いじめられにきたのかい」
　スバルナは、むっとしていい返しました。お城のルーピヤ王子と、同じ声でした。
「僕は王者だぞ。この立派な冠が、見えないのかい。僕のいうことをきかないと、酷いめにあわせるよ」
「何をいばっているんだ！」
　チッタが拳をふりあげ、木から、とびおりました。

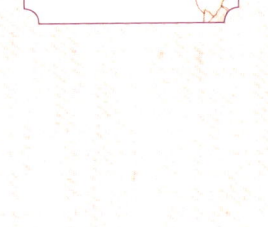

　スバルナは、びっくりしてにげだしました。広場で、大きな笑い声がおこりました。
　その夜、スバルナは、悔しくて眠れませんでした。お月さまが、静かに静かに、冠をてらしていました。
「お城の王子さまと、同じことをしたはずなのになあ……」
　スバルナは、ふしぎでなりません。
「おじいさんは、僕もけだかい王者だっていったけど、どういうことなんだろう？」
　一生懸命考えましたが、答えはでませんでした。

5　冠が光った！

　スバルナは、もう一度、森のおじいさんの所へい

107

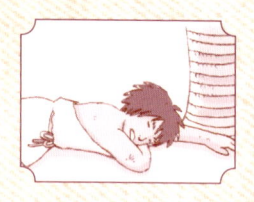

两个王子

くことにしました。
　広場のそばを通ると、ヤシの木から、賑やかな笑い声がきこえてきました。チッタたちが、遊んでいるのでしょう。
　その時、ボキッ、ドサッと大きな音がして、木の上から、黒い塊が地面におちました。なんと、ヤシの実ではなく、いじめっ子のチッタでした。
「いいきみだ」
　スバルナは、初めは、そう思いました。でも、よく見ると、倒れたチッタの足から、まっ赤な血が流れていました。

　スバルナはかわいそうになり、みんなにいいました。
「ほっといたら、大変だよ。早く家につれて帰らなくちゃ。」
　ところが、他の友だちは血を怖がって、見ているだけです。そこで、スバルナは勇気をだして、チッタをせおいました。
　チッタは、なきべそをかきながら、
「ありがとう、ありがとう」
といいました。
　すると、スバルナの冠が、流れ星のように、きらっと光ったのです。
「あっ、光った！」
「わあ、すごいや！」
　スバルナの周りは、笑顔でいっぱいになりました。
　スバルナは、森のおじいさんに、何もかも話しました。
　おじいさんは、にっこり笑って、ぽつりといいました。
「上になろうとして、いばる者は下になり、下で

支える者は、上になるのだよ。」

　ふしぎなことは、続きました。
　荷車が重くて、困っているおじいさんを手伝った時、冠は光りました。
　赤ちゃんが病気で、ないてばかりの、若いお母さんを笑わせた時も、冠はきらきらと輝きました。
　金の冠をかぶったスバルナは、だんだん、村の人気者になっていきました。虐める者も、いなくなりました。
　スバルナは、おじいさんの言葉が、少しわかった気がしました。
　ただ、まだわからない事がありました。それは、いばってばかりいるお城のルーピヤ王子も、美しい、輝く冠をかぶっていることでした。

6 「スバルナ王子」の誕生

　いよいよ、村芝居の日がきました。
　広場は、村人でいっぱいです。スバルナは、心臓がどきどきしました。
　その時、耳の奥で、「大丈夫だよ」と、森のおじいさんの優しい声がきこえました。すると、ぐんぐん力がわいてきました。みんなを喜ばせてあげたいと、心から思いました。
　頭にかぶった冠も、金の粉をまいたように、きらきらと輝きました。
　舞台にとびだしたスバルナは、もう、すばらしい「王子さま」でした。勇敢に、悪人と戦いました。そして、苦しんでいる人々を助けました。体中に、

強く正しい心が溢れていました。

　村人は、みんな大喜びです。チッタたちがいました。荷車のおじいさんもいました。泣き虫の若いお母さんも、笑っていました。
「スバルナ王子、万歳！」
　誰かが叫びました。すると、あちらでも、こちらでも、「王子さま、万歳！」の声が広がりました。
　スバルナがにっこり笑うと、金の冠は、いっそう美しく、太陽のように、燦々と輝くのでした。
　村人は、みんな、スバルナが大すきになりました。
　スバルナに会うと、安心するのです。金の冠が輝くと、元気になるのです。
　そして、スバルナのうわさは、だんだん大きくなりました。大きくなって、やがて、都まで届きました。

7　偽者を捕まえろ！

　ルーピヤ王子は、お城の窓から、ぼんやりと町を眺めていました。もちろん、金の冠をかぶっていました。
　その時、風にのって、町の子どもたちの歌がきこえてきました。
　ジャンブ国には　あったとさ
　王子さまが二人　あったとさ
　一人は冷たく　一人は優しい
　一人は優しく　一人は冷たい
「王子さまが二人」とは、どういうことでしょう。
「一人は冷たい」とは、誰のことでしょう。

二人の王子さま

　周りの者にきくと、太陽のような冠をかぶった少年が、「王子さま」とよばれて、大変な人気者になっているというのです。
　ルーピヤは、腹をたてて叫びました。
「この国の王子は、僕一人だぞ。偽者は、許さない！」
　すると、鎧を着た兵士たちが、とんできました。
「すぐ、『偽の王子』を捕まえるんだ。きらきら輝く冠が、目印だぞ！」
　ルーピヤは、喚くように命令しました。
　兵士がでていくと、へやには、誰もいなくなりました。
　ルーピヤは、もう一度、
「この国の王子は、僕一人だぞ！」
といいました。
　でも、とても寂しそうでした。金の冠は、光を失い、なんだか古ぼけていました。

　その晩、スバルナは、大勢の村人と、賑やかに食事をしていました。
　そこへ、一人の村人が、息荒くかけこんできました。
「大変だ！お城の兵士が、スバルナさんを捕まえに、この村にむかっているぞ！」
　村人はみんな、まっ青になりました。

8　ルーピヤ王子とスバルナ王子

「心配しないで！」
　スバルナは、しっかりした声でいいました。そして、冠をそっとテーブルの上におきました。
　すると、ふしぎなことに、冠の金の光が、すうっ

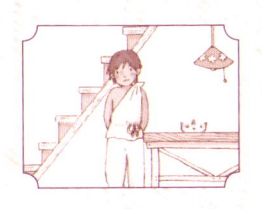

111

两个王子

と消えてしまいました。
　その時、荒々しく兵士がとびこんできました。
「輝く冠をかぶって、王子さまのまねをした者がいるだろう！」
　みんな、黙って首をふりました。しかし、兵士は、たちまちテーブルの上の冠を見つけてしまいました。
「輝く冠」が、「偽の王子」の目印です。
　兵士は、冠を、ごしごしと、磨き始めました。でも、輝くどころか、ますます黒ずんでいきました。
「ちぇっ、覚えてろよ！」
　兵士は、冠をなげすて、悔しそうに帰っていきました。
　スバルナが冠をかぶると、また、きらきらと、輝き始めました。みんな、手をたたいて、喜びました。

　「偽の王子」を捕まえることができなかったので、ルーピヤ王子は、かんかんに怒りました。
「こうなったら、僕が、偽者を捕まえてやる！」
　ルーピヤは、大きな象にのると、兵士を沢山ひきつれ、お城を出発しました。
　ドシン、ズシン、ドシン、ズシン……。
　ルーピヤが村に入ると、村芝居の真っ最中でした。
　その様子を見て、ルーピヤは、びっくりしてしまいました。
　一人の少年の頭に、金の冠が、燦々と輝いています。村人は、口々に「王子さま、王子さま」と、大喝采です。

　ルーピヤは、一瞬、その少年が「本当の王子」のような気がしました。でも、すぐに思い直し、

「『偽の王子』を捕まえるんだ！」
と命令しました。
　広場は、大混乱になりました。ある者はにげ、ある者は隠れました。
　そして、スバルナは、兵士の手でしばられてしまいました。

9　輝く小さな冠

　ルーピヤは、縛られたスバルナを見おろしながら、象の上からいいました。
「お前は、何者だ！」
　スバルナは、にっこりと笑って答えました。
「私は、村人の仲間です。立派な王子さまの、お芝居をしているだけです」
　ルーピヤは、目をつりあげて、いいました。
「黙れ、偽者め！　この国の王子は、僕一人だぞ！」

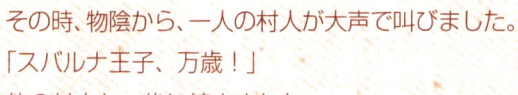

　その時、物陰から、一人の村人が大声で叫びました。
「スバルナ王子、万歳！」
　他の村人も、後に続きました。
「スバルナ王子、万歳！」
　村人たちは、叫びながら、五人、十人、百人と、広場に戻ってきました。
　ルーピヤは、怖くなって、ぶるぶると震えました。兵士たちの中には、にげだそうとする者もいました。
　その隙に、村人たちは、スバルナの縄をほどいてやりました。
　そして、みんなで手と手をつなぐと、ルーピヤがのった象を取り囲みました。

113

两个王子

ドシン！ズシン！
驚いた象が、突然、足ぶみをしました。
「うわあっ！」
「危ない！」
ルーピヤは、地面に、ころげおちてしまいました。
「今だ、それ！」
村人がルーピヤの方へ、大波のようにおしよせました。

「みんな、ちょっと待って！」
鋭い声が響きました。村人がふりむくと、縄を解かれたスバルナでした。
スバルナは、ルーピヤ王子のそばにかけより、素早く助け起こしました。
その時、スバルナの小さな冠が、大きな金の光を放って、燦々と輝きました。明るい明るい光でした。
あまりの明るさに、ルーピヤは目をつぶりました。村人も、兵士も、みんなびっくりして、目をこすりました。
スバルナ自身も、びっくりしました。なにしろ、ルーピヤ王子の冠の方が、もっともっと美しいと、きいていたのですから。

10　ルーピヤ王子の涙

スバルナは、初めてルーピヤと並んで立ちました。スバルナは、固く口を結んで、ルーピヤを見つめました。
ルーピヤも、スバルナを眩しそうに見つめています。そして、スバルナにむかって、小さな声でいい

ました。
　「君の小さな冠は、とっても輝いているね」
　スバルナは、黙ってうなずきました。
　ルーピヤは、今度は、もっと小さな声でいいました。
　「僕の大きな冠は、ちっとも輝いていない」
　スバルナは、またうなずきました。
　続けて、ルーピヤはいいました。
　「君には、沢山の友達がいるね」
　スバルナが、うなずきます。
　ルーピヤは、話し続けました。
　「僕は、いつも、独りぼっち。この冠は、大昔の大王の冠なんだ。これをかぶっていれば、みんなから、尊敬されると思っていたのに……」

　ルーピヤは、じっと考えた後、怒ったように叫びました。
　「僕の冠は、偽物だ！」
　そして
　「君は、どう思う？」
　と、スバルナにききました。
　スバルナは、しばらく、黙っていましたが、
　「僕も、偽物だと思う」
　と、答えました。本当の王者の冠なら、もっと輝いているはずだと思ったからです。
　その時です。
　「わあっ！」
　突然、ルーピヤが大粒の涙をこぼし、なきくずれました。
　兵士達は、おろおろするばかりです。ルーピヤ王子の涙を見るのは、初めてだったからです。
　さっきまで大騒ぎしていた村人も、心配そうに、

二人の王子を見守っていました。

11　友達になろう

「そういえば……」
ルーピヤが、急に顔をあげました。
「僕の冠には、『上は下になり、下は上になるだろう』というふしぎな言葉が書いてあった」
　それをきいて、スバルナは、森の賢いおじいさんの言葉を、思いだしました。
　ルーピヤは、叫びました。
「今、わかったぞ！『上は下になる』というのは、いばっているのに独りぼっちの、僕のことなんだ。『下は上になる』というのは、スバルナ、君のことだよ！」
　すると、ルーピヤの冠が、きらりと光ったのです。

　スバルナは、はっとしていいました。
「もしかしたら、それは、僕のと同じ『人間の王者』の冠かもしれない」
　それをきいて、一人の女の子が首をかしげました。
「スバルナさんは、さっきは、偽物といったのに、今度は、本物だという。これじゃ、嘘つきだわ」
　その時、後ろの方で、
「いや、スバルナは、決して嘘つきじゃないよ」
と、優しい声がしました。
　スバルナに冠を渡した、森のおじいさんでした。
「どちらも、本当のことじゃよ」
　おじいさんは、にっこりと微笑みました。
　ルーピヤは、涙を拭い、立ちあがって、スバルナ

にいいました。
　「僕には、わかったよ。みんなのために、一生懸命、頑張ってる君が、本当の王子だ。だから、僕が、君を支える家来になろう。」

　突然の言葉に、スバルナが驚いていると、ルーピヤの冠が、もう一度、美しくきらりと光りました。
　その輝きを見て、スバルナは、思いきっていいました。
　「いや、君は、きっと、すばらしい王子さまになれるよ。だから、僕の方が、君を支えよう。」
　ルーピヤは、少し考えてから、スバルナに手をさしだして、
　「じゃあ、家来じゃなくて、僕の友達になってくれるかい？」
　といいました。
　スバルナも、少し考えてから、
　「うん、わかった。」
　といって、ルーピヤの手を握りました。
　村人達は、大喜びです。兵士達も、盛んに拍手しています。
　こうして、スバルナは、ルーピヤと一緒に、お城に行くことになったのです。

12　みんなの幸福のために

　お城にいったスバルナは、ルーピヤ王子の真実の友達になりました。何でも話し合える、相談役でした。
　スバルナは、森のおじいさんの教えを、繰り返しルーピヤに話しました。

两个王子

「みんなの幸福のために、一生懸命働く人が、本当の王者なんだよ。」

ルーピヤは、その通りに、一生懸命努力しました。

人々の間に、だんだん、明るい笑顔が広がりました。するとルーピヤの冠にも、次第に、金の孔雀が羽を広げたような美しい光が、よみがえってきたのです。

ルーピヤは、みんなのために良い事をするのが、喜びになっていきました。

その陰で、スバルナは、もっと一生懸命、働きました。ルーピヤの冠が輝く度に、スバルナは、自分のことのように嬉しく思うのでした。

それから、長い長い年月がすぎました。

ルーピヤは人々から、「大王」として、尊敬されるようになりました。

ルーピヤとスバルナが、立派な政治を行ったので、ジャンブ国は、豊かに栄えました。太陽も、燦々と恵みの光を送りました。

ただ、一つ心配事が、大王とスバルナの心にひっかかっていました。

森の奥に、「竜の沼」とよばれる、深い沼がありました。そこに怖い竜がすんでいて、大変、恐れられていたのです。

お城では、「誰か、竜を退治する者はいないか。」と話し合われました。みんな、黙っているばかりです。

その時です。

「私が行きましょう！」

スバルナでした。もう、髪の毛は白くなり、大分、体も弱っていました。でも、金の冠は、朝の太陽の

ように、燦々と輝いていました。
　大王も、大臣も、もしものことがあったら大変だと、止めました。しかし、スバルナの決心はかわりませんでした。
　「私に何かあった時は、みんなで大王をお守りしてください。私は、人々のために、働きたいのです。」
　このように、きっぱりというと、スバルナはたった一人、お城を出発しました。

13　湖に消えたスバルナ

　ルーピヤ大王は、毎日、スバルナが無事に帰ってくるよう、真剣に願っていました。国民も、勇気と知恵の人であるスバルナのぶじを、願っていました。
　暫くすると、竜がでてこなくなったという、噂が広がりました。しかし、スバルナは、たった一人で「竜の沼」へむかったきり、帰ってきませんでした。
　みんなは心配になり、とうとう、恐ろしい「竜の沼」に、調べにいきました。
　すると、どうでしょう。竜など、どこにもいません。そして、沼の水は、どこまでも青く、清らかにすみきっていました。周りには、色とりどりの花がさき乱れ、蝶や小鳥が、楽しげに踊っていました。
　まるで、平和の湖です。

　しかし、スバルナがどこにいるのか、何もわかりませんでした。
　やがて、この沼には、「スバルナの湖」という名前がつけられました。誰でも花をつんだり、魚をとったりできる、民衆の楽園になりました。

两个王子

　ある日、漁師が湖で魚をとっていると、小さな冠が、網にかかりました。よく見ると、一本の竜の牙がささっています。
　すぐに、冠は、お城に届けられました。
　まちがいなく、スバルナの冠です。
　お城の人々は、「スバルナさまは、竜と戦って死んでしまわれたのだ。」と悲しみました。
　ルーピヤ大王は、他の人々の何十倍も、何百倍も、悲しみました。

　大王は、スバルナの小さな冠と、自分の大きな冠をもって、「スバルナの湖」の畔へむかいました。大臣も、国民も、心配そうに集まりました。
　大王は、二つの冠をもったまま、地面にひざまずいていいました。「スバルナ……君は、いつも教えてくれたね。何があっても、人々の幸福と平和を祈り、人々のためにつくしていく『人間の王者』こそ、本当の王者だって……。君こそ、最高の『人間の王者』だった。この二つの冠は、君の物だ！」
　ルーピヤ大王は、そう叫ぶと、二つの冠を湖になげこみました。
　みんなは、あっと息をのみました。

14　本当の「人間の王者」に

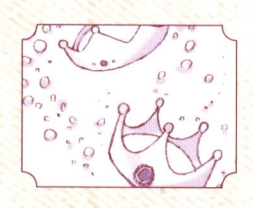

　ルーピヤ大王の大きな金の冠は、湖の中に、ゆっくりと沈んでいきました。
　スバルナの小さな冠も、静かに、もう一度、沈んでいきました。
　その後には、さざ波が、なごりおしそうにゆれ

ていました。
　大王は、スバルナのことを思って、なきました。なきながら、心の底から、強く、強く、誓いました。
　「スバルナよ、私も、人々のために、命を捨てて闘おう。みんなを守ろう。それでこそ、本当の『人間の王者』だ！」

　その時です。全く、ふしぎな事がおこりました。
　大王の体が、金色の光に包まれ、輝き始めたのです。
　人々は、「大王は、まだ、冠をかぶっておられるのか」と思い、目をこすりました。
　いいえ、それは、大きな冠よりも、小さな冠よりも、ずっと眩しい、午前八時の希望の太陽の輝きでした。
　世界中が明るくなり、みんなの心の中まで、明るくなったようでした。
　人々の驚く声を聞いて、大王は、湖の水面を鏡にして、自分の姿を映しました。
　大王は、一瞬、びっくりしたようでしたが、すぐに何かを悟ったように、にっこりと微笑みました。
　人々は、「大王は、自分が光っていることを喜ばれたのだろう」と思いました。
　でも、それは違いました。

　大王は、まばゆい金色の光の中に、自分の姿と並んで、懐かしいスバルナの姿を見つけたのでした。
　スバルナは、悪い竜を倒した後も、別の星の国々を回って、人々のために、一生懸命、働いていたのです。
　やがて、大勢の子供達に囲まれたスバルナの、

两个王子

優しく、力強い声がきこえてきました。
「誰でも、本当は、気高い王子さま、王女さまなんだよ。」
ルーピヤ大王は、何度も、何度も、満足そうにうなずきました。そして、人々の方をむいて、深く、深く、おじぎをしました。
偉大な大王は、貴いものに祈りを捧げるように、いつまでも、頭をあげようとしませんでした。

（完）

あとがき

　『二人の王子さま』は、1994年5月、出版されるとすぐに、山田留里子が（株）金の星社から購入、北京まで持参し、95年3月にかけて、北京大学の潘金生教授と三人で、研究しながら翻訳していきました。極めて価値のある作品ですので、雑誌《日本語の学習と研究》（季刊）（対外経済貿易大学、北京）で紹介してもらうことにし、次の通り、訳注を付して、日本語と中国語が掲載されました。（責任編輯：冷铁铮）
　　上—1995年第二期（総81号）6月25日出版、
　　下—1995年第三期（総82号）9月25日出版。

　この度、中国語の「テキスト」として、各自が再度点検・見直しを行い、世に出すことにしました。ピンインは、基本的に《汉语拼音正词法基本规则》（漢語ピンイン正詞法基本規則。1988年7月、国家教育委員会＝現・教育部と国家語言文字工作委員会による共同公布施行。《汉语拼音词汇》〈语文出版社、1991年1月〉所収）と《新华字典・汉语拼音版》（山西教育出版社、1999年8月）に基づいて、綴りました。なお日本語の文は、原作のままの文章ですが、読者の便宜を考慮して、漢字を多用しました。ご寛恕お願い致します。ユニークな本書は、必ずや、学習者の友として、中国語学習の絵本として、親しんでいただけるものと思います。

　出版に際しては、原作者の池田大作SGI会長に快く同意して頂きました。深く感謝致します。潘金生先生、鄧友梅先生、董静如先生には、格別のご指導とお世話を頂きました。心よりお礼申し上げます。また、上坂みゆき（下関市立大学）、寺岡祐介（姫路獨協大学）の両名には、翻訳や校正等と、多くの協力をしてもらいました。感謝致します。

　駿河台出版社の井田洋二社長、編集部の浅見忠仁氏そして素晴らしい夢を運ぶ多くの挿絵を描かれた小熊末央さんには、ひとかたならぬご理解とお力添えを賜りました。厚くお礼申し上げます。

2006年2月16日
編著者、神戸

監 修
潘　金生 Pan Jinsheng（はん・きんせい）
　北京大学外国語学院日語系教授

編著者
山田　留里子（やまだ　るりこ）
　下関市立大学経済学部助教授

伊井　健一郎（いい　けんいちろう）
　姫路獨協大学外国語学部中国語学科教授

原　作
池田　大作（いけだ　だいさく：金の星社刊）

イラスト・ブックデザイン
小熊　未央（おぐま　みお）

二人の王子さま

2006. 4. 20　初版第 1 刷発行

発行者　井　田　洋　二

〒 101-0062　東京都千代田区神田駿河台 3 の 7
発行所　電話　03（3291）1676　　FAX　03（3291）1675
　　　　振替　00190-3-56669
　　　　E-mail : edit@e-surugadai.com
　　　　http://www.e-surugadai.com

株式会社　駿河台出版社

ISBN 4-411-03020-9　C1087